植民地・朝鮮の子どもたちと生きた教師

上甲《じょうこう》米太郎《よねたろう》

高麗博物館 編
上甲まち子
李俊植
辻弘範
樋口雄一

大月書店

もくじ

植民地・朝鮮の子どもたちと生きた教師

上甲米太郎

凡例

本書では、日記の引用・巻末資料の原典にあった旧漢字は新漢字に直し、判読不能箇所については□で表記、また、読みやすくするために適宜句読点を追加しています。

巻頭図版　朝鮮服を着た上甲米太郎。大洲教会の笹田雅吉牧師（左）と（一九二九年一月）。

まえがき

高麗博物館

本書は朝鮮人民衆を友として生きた一日本人、上甲米太郎の記録である。彼は朝鮮農村の朝鮮人学校校長として在任中にプロレタリア教育の普及を図るため合法雑誌『新興教育』を講読、読書会をつくろうとした。それが一九三〇年一二月に治安維持法違反とされ、教え子の朝鮮人とともにソウル西《ソ》大門《デムン》刑務所で過ごすこととなった。彼の行為は植民地支配を否定し、朝鮮人と生きる決意表明でもあった。大半の日本人植民者が植民地支配を肯定するなかでは稀有の日本人であった。戦後も彼の姿勢は変わらず生涯を朝鮮人民衆とともに歩んだのである。

彼の生涯についてはいくつかの本や上甲米太郎の発言を記録した文書もあるが、その後、日記や写真などが遺族によって学習院大学東洋文化研究所に寄贈、整理されて読むことができるようになった。高麗博物館ではこれらをもとにして新たに上甲米太郎の実像を明らかにして紹介しようとして「朝鮮の子どもたちと生きた教師　上甲米太郎」と題して展示会を二〇〇八年八月から一〇月末まで行なった。いま、なぜ上甲米太郎展を行なったかについては高麗博物館の樋口雄一が執筆した第四章を参照していただければと思う。また、上甲米太郎の長女、上甲まち子氏に展示会開催中の九月六日に「父を語る」として講演をしていただいたものを第一章に収録してある。辻弘範氏は学習院大学に勤務していた頃に上甲米太郎の日記を読むグループの中心になっており、二〇〇八年一二月に九州大学韓国研究センター主催で開かれた研究集会「植民地朝鮮で蒐集された『知』の歴程——朝鮮総督府・京城帝国大学関係者の個人アーカイヴからの視線」において「上甲日記」の意味を講演された記録を第三章に紹介した。第二章は韓国人研究者として上甲米太郎を正面からとり上げた李俊植氏の論文である。これは二〇〇六年に執筆され、韓国の学術雑誌『韓国民族運動史研究』(四九号)に発表された論文で、これを高麗博物館の山田貞夫が翻訳した。

高麗博物館は一九九〇年九月に東京多摩地区の市民が中心となり、韓国・朝鮮と日本の歴史を正しく知り、ともに歩むために設立運動が行なわれ、現在は新宿区大久保に展示室を設けて活動している。いまでは、全国から修学旅行の学生や、国際関係学科などの大学生、韓国語を学ぶ人、在日韓国・朝鮮人など多くの方々が訪れるようになった。当館では韓国・朝鮮の人びと、在日韓国・朝鮮人との友好、共生を目標にさまざまな活動を展開しているが、上甲の生涯に多くを学ぶことができると考え、講演記録と論文、資料をまとめたのが本書のような成果になった。日本の植民地支配を肯定的に論ずる風潮が強まるなかで上甲の生き方が新たな友好の道を示す、ひとつの道標になればと思う。

父を語る

上甲まち子

はじめに

本日はお集まりいただきまして、本当にありがとうございます。父のことは兄が書くつもりで、資料を集めたり研究者の方と、連絡を取ったりしておりました。私は兄が送ってよこす資料を、フムフム、ふーんと見るだけで、忙しさにかまけて過ごすうちに、兄が亡くなってしまったのです。どうしよう、私が引き継ぐんだろうなあと、ボンヤリ考えていましたところ、高麗博物館から「上甲米太郎展」のお話をいただきまして、びっくりドキドキしながらも大変なチャンスをいただいたこと、ありがたく、感謝しております。

私は「秋田雨雀《あきたうじゃく》・土方与志《ひじかたよし》記念青年劇場」という劇団で俳優をしています。今日、ご覧になった方が、たくさんいらしてますが、劇団で、「創氏改名《そうしかいめい》」をテーマにした「族譜《ぞくふ》」という梶山季之《かじやまとしゆき》さんの原作をジェームス三木さんが脚本・演出された芝居を上演しています。私はこのなかで、息子がでっち上げで投獄され、本物の闘士になるという、父米太郎と重なってくるような役の母親「李慶《イキョン》淑《ス》」を全力投球でやっています。そのことが朝日新聞夕刊（二〇〇六年一〇月二三日）の「歴史とむきあう」シリーズに掲載されまして、お読みになった方もいらっしゃると思いますが、すごく力になりました。

この「族譜」の公演がボランティアの実行委員会でスタートしようというときに「上甲米太郎展」の企画のお話がありました。それで、何か遺品はないかと聞かれたのです。例えば眼鏡とか万年筆など。親不孝ですね、何にも思いつかないのです。だいたい形見分けのようなことした憶えがなかったのです。みんな兄にまかせっきりでしたので……。ただ、父が二十歳から治安維持法違反で捕まるまで書いていた日記を、学習院大学の東洋文化研究所にそっくりお渡ししてありましたので、その日記をもとに、企画しようということになりました。そうしましたら、父の勤めた韓国の慶尚南道《キョンサンナムド》の三つの学校が現存してるので、韓国に行きましょうということになりました。夢かと思いました。

地元の新聞社にも連絡がついていましたし、三つの学校の校長先生はじめ皆さん歓待してくださいました。どこの学校でも学校史が展示されており、そこにちゃんとはっきり父の名前がある！　何か身が震える思いでした。いままで本で読んだり話として聞いて来たことがほんとに本当のことだったんだと実感できたのですね。

そして、今回、この展示が素晴らしくでき上がっているこの企画を立ち上げた高麗博物館のみなさま、プロジェクトチームのみなさまに感謝の気持ちでいっぱいです。今日は、もう充分に展示で語られていますから、私は直接父から聞いたことを中心にお話したいと思います。

生い立ち

父、上甲米太郎は、一九〇二（明治三五）年四月一六日、愛媛県宇和《うわ》郡千丈《せんじょう》村川之内《かわのうち》（現在の八幡浜《やわたはま》市）で、父景吉、母淑《きよ》の長男として生まれました。上甲家は六〇〇年続いた旧家で苗字帯刀を許された庄屋でした。上甲家は代代長男に「景」の字を継いできたのに、なぜか景吉は、長男・米太郎、次男・寿次郎、三男・悦三郎と付けています。農業経営には新しい品種を移入しては栽培を試みる、それまで見たこともなかったネーブルやザボンを蜜柑に接木をする、白菜、陸稲《りくとう》の栽培も試みています。祖父は何か新しいことを考え実行した人ではないでしょうか。桑園を開いて養蚕をいとなみ、これをこの地方に拡げようとして失敗。ほとんどの土地をなくし、多額の借金を背負うことになります。それで当時、朝鮮銀行にいた弟をたよって朝鮮に活路をもとめました。

そうしていろいろな仕事をやってもうまくいかず、落ち着いたとこは、慶尚南道河東《ハドン》郡辰橋《チンギョ》面の郵便局長でした。日本人の入植者が多くなって新しくできた局だそうですが、月給をもらうわけではなく、経営も大変だったそうです。

このように上甲家は没落していくわけですが、父が懐かしそうに上甲家の話をしてくれたのは、上甲家のお正月です。男衆が汲んできた水で顔を洗う。新しく作ってもらった着物に着替えて、広間に曾祖母、祖母、父、母、自分、弟たち、下男、下女の順に並び歳取り式をする。母が三方にお米、栗、柿、蜜柑を持ってまわり、お米を歳の数だけ取り、数の子を紙にひとつ受けお酒をかわらけでいただく。それが終わるとおばあさんおめでとうございます、お父さんお母さんおめでとうございます、弟が、お兄さんおめでとうございますと受けて終わるんです。いま、印象深く思い出される父の笑顔は、高校卒業の年で、畳もろくにない家の板の間でのお正月なのですが、上甲家の昔といまのギャップがあるのは不思議ですが、思いもしなかったんですから、それなりに幸せなお正月だったのでしょうか。

大洲時代キリスト教入信の頃

両親が朝鮮に渡り、父は祖母と弟と日本に残り、大洲《おおず》中学（現大洲高校）の近くの二階家に住むことになります。そのときのことを貧乏のどん底におちた気がしたといっていました。生活は母淑《きよ》の実家の有友《ありとも》家の世話になっていたようです。

母親の淑は愛媛県初の代議士、立憲改進党の有友正親《まさちか》の娘です。正親は、義弟の井上要《かなめ》（伊予鉄道の創始者）に淑を預けて、松山のミッションスクールに通わせています。いまの松山東雲高校です。

この学校は演劇が盛んで、私も学校巡演で何度もこの学校で舞台を務めている、いわば劇団のお得意様なのに、祖母の淑が卒業生だとはごく最近まで知りませんでした。

また父の祖母がキリスト教の信者だったらしく、父は子どもの頃から日曜学校へも通っています。一六歳で入信しているのですが、私には、とても暗い辛い中学時代だったといっていました。貧乏で上の学校へいく希望が持てない、自分の未来は朝鮮の田舎の郵便局長しかないのか……とお先真っ暗だったそうです。すべてを捨てて牧師になろうと考えたのですが、父親の借金、弟や妹たちのことを考え断念したのだそうです。

父の通った大洲中学はマラソンが盛んだったそうで、そこでマイペースで進む生き方を身につけたのでしょうか。また泳ぎも得意で、この時代に大洲の肱川《ひじかわ》で神伝流《しんでんりゅう》の泳法を身に付けています。そのせいでしょうか、スラリと細身なのに胸は厚く健康で、大病をしたことはありません。入院したのは癌で亡くなるときだけです。

教員養成所時代

一九二〇年、のちに京城《けいじょう》師範学校となる京城高等普通学校附設臨時教員養成所に第八期生として入学しました。父は私には、お金のかからないところは教師になるか兵隊の道しかなかったので教師の道を選んだといってました。

父が入学したのは三・一運動のすぐ後で、日本は文化政策をとり、朝鮮人の普通学校（小学校のこと）を四年制から六年制に切り替えるために教師が必要だった。日本の師範学校を出た人は出稼ぎ気分の人が多い。朝鮮人を立派な日本人に教育する使命感に燃えた若い人を養成する、朝鮮の土となって働く教師が必要だったのですね。三つの邑（町）に一校の普通学校の計画ですから、日本人がひとりもいないところへ決死の覚悟で行く人を養成する。ですから生命保険に入るようにいわれて、ビビッてやめてしまった人もいたそうです。

そうして、父は実習のとき一年生を受け持つのですが、その愛らしさに打たれ、これは神から授かったまさに天職だと思ったといっていました。そうして東洋のペスタロッチになろうと思ったと、これは何度も聞きました。

養成所時代の学課のなかでは朝鮮語の成績がよかったようです。それも賛美歌から学んだそうで、外国語やるなら歌から入るといいよといってましたが私には語学の才能がないようです。

卒業してすぐ一年間の兵役を終えて、二〇歳となり、いよいよ教師となるのです。

咸安《ハマン》公立普通学校時代

朝鮮の土になろうとしていた父は、はりきって咸安《ハマン》に出かけました。そこは、郡に三校しかない六年制の学校で、有力者の子弟や教育に目覚めた進歩的な人たちの子弟たちも多かったようです。

このときから日記をつけ始めています。「日記をつけ様と思う」と書き出されて、「二〇歳になってしまった」とあり、私はお父さん可愛いなあと思いました（笑い）。わざわざ朝鮮人の家に下宿をしてみんなと同じ物を食べて、朝鮮人になりきろうとしたのです。そして五年生を受け持ちました。子どもたちは一二歳から二〇歳まで、女子七名、男子三五名。日本語ができると就職に有利なことから再入学してきたものもいて、自分と同じ歳のものが三人いて、うち妻帯者が二名。もう面食らってしまったんですね。日記に「少しも無邪気さがない」、「考え方がひねくれている」、「打算的で世間ずれしている」（会場大爆笑）と書いていて、お手上げ状態だったみたいです。それは当たり前ですよね。三・一運動でも、激しい抵抗をした土地柄だったのですから、簡単に日本人を受け入れる雰囲気ではなかったと思います。そこで、夏休みに入って恩師の竹田先生に相談しに京城まで行っています。そこで「君は欲張りだよ。朝鮮人は二千万、日本人は六千万、日本人ひとりが朝鮮人ひとりを立派に育てればいい」といわれたんだそうです。

それからが面白いのですが、いちばん前に女の子が七人並んでいる。そのなかでいちばん可愛くて成績の良い女の子（金再用《キムジェヨン》といいました）をそのひとりに選んで授業をしたんだそうです（笑い）。結局、彼女が初恋の人になるわけです。彼女が一四、五で父は二〇歳、当然何かあってもおかしくないわけで（会場大爆笑）。六年生に上がる頃には全員が自分の生徒になっていたそうです。授業には作文をとり入れ、生徒の生活状況も悩みも知り、全部に返事を書いています。

卒業生の半分は希望校へ入学させ、慶南《キョンナム》で記録破りの成績をあげています。貧しい生徒は官費で、慶南師範一一人、女子学習院といわれた学校、私立淑明女学校（現在、淑明《スンミョン》女子大）に両班《ヤンバン》の娘三人全員入学させますし、京城師範、晋州《チンジュ》師範などにも入っています。補習は学校ではせず下宿にくる子たちにする。話すのは朝鮮語。一時間授業して後は花札したりトランプで遊んだそうです。授業中寝ていて花札のとき起きてくる子もいたり、面白いですね。

そのなかに、あとで父と捕まった趙判出《チョパンチュル》さんもいたのですね。今度この学校を高麗博物館の皆さんと訪問しましたら、卒業生名簿に、金再用《キムジェヨン》さんと趙判出さんの名前がはっきり載っているのに感激しました。二度にわたる戦争で、資料はほとんどないのではないかといわれていましたから。

咸安には二年間務めたのですが、人生五〇年ならこの二年間が残ればいいと思うくらい充実したものになったといっています。

下宿の朝鮮のおばさんに「うちの婿になれ」といわれたことを自慢してましたし、子どもに「先生おんぶして」といわれるのが理想だったと、何度も聞きました。

兵士時代

一九二四年、咸安の生徒たちが卒業すると、校長の止めるのをふりきって予備役（父は一九二一年四月に一度兵役についています）に志願して入隊しています。兵隊が好きだったといったので、「どうして？」と尋ねたら「出身に関係なく平等だと思った」と父は答えました。私が中学生の頃だったと思います。兵士としての成績もよく、特に射的が得意だったそうです。そんなぐあいですから、他民族を支配する日本帝国主義の兵隊という意識はなく日本の普通の若者のように、軍人精神を鍛えて国家の役に立ちたいと思っていたのではないでしょうか。この時期、嬉々として子どもたちに会ったり一緒に写真を撮ったりしています。

兵隊になったのを、金再用さんがまだ幼かったので少し距離を置こうと思ったなんて日記に書いたりしてますが、日記にはふたりの手紙のやり取りが綿々と綴られています。愛し合っているのに自分がピューリタンであったこと、彼女が内気で「打ち明けられないうちに彼女に先に結婚されてしまった」と後でいったりしてますが、日記を見ると、この兵隊時代に金再用さんと会っているんですね。先に「自分の理想は朝鮮人のベターハーフを持つことだ」と書いています。純粋だったんですね。この人に対しては、と書きつつポルノまがいのことも書いてあったりして、父が八〇歳ぐらいのとき、金再用さんの話をして「俺は悪魔だったんだなあ」といったんでもうおかしくって（会場大爆笑）何いってるのかって。要するに失恋したんですよね。家を捨てることができなかったんですね。

冶炉《ヤロ》公立普通学校時代

四か月の志願による兵役を終わり、慶尚南道陜川《ハプチョン》郡冶炉面の冶炉公立普通学校に、校長として赴任します。二二歳でした。冶炉はすごい僻地で、四年間に校長が四回替わり最後の人は六か月で逃げたそうだとかで、上甲ならやれるだろうということだったそうです。郡庁まで二四キロ、郵便は二日に一回。そして無医村。本人も、風邪をひいたのか高熱をだして、死ぬかもしれないと思って遺書を書いたりしてるんですね。キリストが四〇日間荒野において考えられたことを思って耐えたと日記に書いていています。

子どもたちの生活は貧しく病気になっても医者もいない。貧乏について否応なく考えざるを得なくなっていくのですね。子どもたちの悩みが自分自身の悩みになっていったのが冶炉時代ではないでしょうか。賀川豊彦《かがわとよひこ》の本もこの頃読み始め、キリスト教社会主義を知る。校長会に行くと、朝鮮人教師に馬鹿にされるな、朝鮮人にあまり忠義ということを教えるな、あんまり一生懸命教えるな、利口にせん方がいいなどという人たちがいて、何でそんな奴らが教師なのかと思ったみたいです。その頃、いろんな人にいっぱい手紙を書いたそうで、手紙形式で小説が書けるなあと思ったと私にいってました。

治炉には二年務めています。四年制の学校でした。現在の治炉の学校を訪問したとき、校長室に昔の校舎の写真がありました。その校舎をバックに男の先生方と撮った写真があるのです、私の手元に。ああ、間違いなくここが治炉だと胸が高鳴りました。

昆明《コンミョン》時代

慶尚南道泗川《サチョン》郡昆明公立普通学校に校長として赴任します。昆明に転出したのは、父親家族の住む河東に行きやすい場所だったためだといってました。

父の話では最初の咸安の頃は、朝鮮人も日本語を覚えれば就職できたのだそうで、一生懸命やってやりがいもあったのでしょうが、昆明の頃には日本からの入植者も増えてなかなか職がない。親が田んぼを売って子どもを中学に入れたのに、卒業して就職できない、もちろん上の学校にも行けない。就学率も低い。私は知らなかったんですが、「春窮《しゅんきゅう》」という言葉があって、春になると食べるものがなくて草を食べるんだそうです。父も食べてみたそうですが、草のお粥にポツポツとお米が浮いている、とても食べられるような物ではなかったそうです。親たちとも交流があって悩みを訴えられていますね。その頃から、運動会ならかけっこで一番二番三番と旗を渡せば終わりだけど、卒業させてそれでいいのかってだんだん考えるようになってきたんですね。大化の改新の授業のときに、皇族・諸豪族の私有地・私有民の廃止というのが出てきたら、子どもに「先生、今日それはできないことでしょうか」と突っ込まれるんですよね。絶句して返事ができない。「こんなことで教師をやってていいのか」と、日記に書いています。本当に悩んだみたいです。

その頃父親から結婚をしつこくいわれて、見合いに四国に帰っています。展示にある朝鮮服の写真がそのときのものだそうで、一緒に写っているのは大洲教会の牧師さんです。関東大震災の数年後ですから、その格好では何があるかわからないよという忠告も聞かず出かけて、案の定「呼び止められること十数回」と日記にあります。覚悟なんてものでなくて平気だったようです。お世話になった四国の親戚の人たちは、父の姿を見て朝鮮の土になる証しと受けとめて安心してほめてくれたそうです。

この昆明の現在の学校を訪問して学校の資料室に案内されておどろきました。歴代の校長の名前が書いてあるのですが、そこに「上甲米太郎　一九二七年四月—三〇年一二月五日」とはっきり書いてあるのです。一九三〇年一二月五日は、父がこの学校で授業中に連行されたその日です。それがはっきり記されていることにショックをうけました。ああ、お父さんが間違いなくここに生きていたんだ！　そんな思いでした。

一九二七年に四国から帰り、その翌年に藤原文子さんという人と結婚しています。晋州の師範学校の校長の娘です。丙午の生まれで婚期が遅れていて、美人で頭のいい人だったそうです。朝、父が目を覚ますともう本を読んでいる。大変な読書家で、父とはその点気が合ったと思われます。その頃雑誌『改造』に連載された野上弥生子の小説『眞知子』をふたりで読んでいます。いわゆる「新しい女」なのですが、父は、文子さんのことを、「この人こそ「眞知子」だ!」と思ってすごく惚れ込んだんだそうです。この話は何度も聞きました。自分のもつ悩みをわかってくれる人、その悩みを解決するためにうんと勉強しなくてはならないと思ったのでしょうね。ふたりで東京へ出て勉強しようと話しあったんですね。しかし父は親兄弟すべてを捨てられずグズグズしている。その間に彼女はひとりで東京へ家出してしまったんですね。もう、すぐに父は彼女を追いかけて行き、広い東京を探しまわって、一日で見つけたんだそうです。この一日で見つけた話も何度も聞いています(笑い)。結局、説得できなかったんですよね。この顚末をしっかり、総括して日記に何頁にもわたって(笑い)書いています。私には「俺がお坊ちゃんで頼りなかったんだろうなあ」といっていました。

『新興教育』・治安維持法違反による検挙

文子さんと別れて、心の痛みを癒し精神の均衡を図るためか中央から本を取り寄せて猛烈に勉強して色々なものを読み、『戦旗』まで読んでいます。晋州で四〇部ぐらい売れたとか、それなりの雰囲気だったんだろうと思われますが、それで自分には何ができるのだろうと考え出した頃、『新興教育』という雑誌の存在を知り飛びつくように求めています。この雑誌は先生方の組合の機関誌的な役割をしていたそうで、その第一号に秋田雨雀先生が書いていらしゃるのです。ここで私と父がつながってくるのです。秋田先生は私の演劇学校時代の校長先生で、私が所属しているいまの劇団の名前が「秋田雨雀・土方与志記念・青年劇場」だからです。

『新興教育』は先生方に組合を作ろうと呼びかけています、父はそれに応えて投稿もしています。何をしたかというと『新興教育』を直接取り寄せて、周りの人たちにまず読んでもらうことから始めて、読書会を組織することを考えたようです。これはと思う人に当たるのですが、日本人は全然乗って来ない。校長仲間でひとりだけ、この方は、後の裁判で証言をしてくださってます。やっぱり民族の問題は日本人ではだめだと思ったんですね。それで朝鮮人の先生に何人か接触したり、結局若い人がいいと趙判出さんに呼びかけたのです。彼は最初の学校の咸安の生徒で、京城師範に入っていたのですからすごくよく勉強する人で、父は彼が京城師範の授業料が払えなくなったときの相談にものっています。彼は父の呼びかけにすぐ応えて京城師範のなかに、日本人もまじえて読書会を作ります。父の話ではクラブ活動程度のものだそうですけれど……。

そうして、趙判出さんが修学旅行で晋州に来たときに、菊池さんという日本人生徒と三人で旭旅館というところで、今後のことを相談しています。最終的には自分が釜山《プサン》に出る。そうして仲間を増やす。実際転校先も、日曜学校を引き受ける条件で内定していたんだそうです。なにぶん運動家ではないし、相談できる人もいないので、とにかく合法活動ならできるので、自分たちのできる合法活動をしようということでそれはしつこく確認しあったそうです。ところがこの三人の話し合いが、共同謀議としてデッチ上げられ治安維持法違反で逮捕起訴されるんですね。

まず趙判出さんが、逮捕されます。彼は、合法活動として何の警戒心もなく『新興教育』を東京から学校の寄宿舎に送ってもらって目を付けられたのです。学校側は、松食虫をとるからという理由で、全寮生を外に出して持ち物検査をやり、趙判出さんの持ち物から、父からの手紙の束を押収します。そうして誰にも見つからないようにして連行されています。父の逮捕は授業中で、官憲が邑（町）の駐在の案内で学校に入って来るのが校舎の窓から見えたので「来たな！」と思ったそうです。そして、「べん入った」（べんは趙判出さんのあだ名）の電報を受け取っています。遅かった。そして晋州の拘置所に連行され、すぐ京城に連れて行かれました。父の逮捕が一二月五日、翌六日には『新興教育』の編集兼発行人の山下徳治さんを隠密に逮捕、東京の東中野から京城に連行されています。本当に計画的ですね。ですから『新興教育』に対する弾圧、治安維持法違反の逮捕第一号といえますね。

この年二月に鎌原政子さんと結婚しています。伊達藩の旧家の娘でお嬢様だったんですね。「どうしてこの人と結婚したの？」と聞きましたら、「親がうるさくいうので誰でもいいと思った」なんていってましたが、うそばっかり！　写真を見るとなかなか美人だし、二月に結婚して一一月に兄が生まれている、私の夫が「できちゃった婚じゃないの？」というのでお父さんもやるなあなんて思ったりして（笑い）。

兄の名前を伊利一《いりいち》と付けています。レーニンの名前をつけたんです。ウラジミール・イリイチ・レーニンでしょ。それでイリイチ。変な名前だと親に文句いわれないようにと、「礼二」と付けたといったんだそうです。レーニンから抜け出せないのが可笑しいんですけど、その頃の父の思いが伝わってきます。兄自身も、小学校へ入るまで自分の戸籍名が「伊利一」とは知らなかったそうです。兄が生まれたのが一一月一三日、父の逮捕が一二月五日。一か月ありません。

西大門《ソデムン》の刑務所時代

西大門の刑務所で二年過ごすことになります。父はまだ何にも行動に移すことのないまま突然捕まってしまったのです。そして「教育労働者組合準備会事件」の首謀者ということになったのです。これからというとき捕まったのですから、「俺は何もできなかった」という気持ちが強かったようです。

編集長の山下さんの関係で布施辰治さんの紹介の人が弁護士に付いてくれています。山下さんは比較的早く出ることができたようですが、父には、誰ひとり応援してくれることもなく、厳寒のソウルの冬を二回刑務所で過ごすことになります。

そこで「間島《カンド》パルチザン」の人たちに会っています。はじめ独房に入ったら壁を叩く音がする、何だろうと聞くうちに、これはハングルだ！　と気がつくんですね。「お前は誰だ、お前はだれだ」といっている。解読できるようになると、新しく入ってきた人に教える係になり、見つかって後ろ手に縛られて犬食いさせられたそうです。このパルチザンの人にいろいろ教わるのですが、「お前のようないい日本人がいるから、朝鮮人が駄目になる」といわれてしまうのです。がっくり来てたところへ早稲田の学生さんで鄭《チョン》さんという人が入ってきたので「俺はこんなことをした」と話したら、鄭さんは「貴方のやったことは間違いではない、ここから出ることができたら正業について、誰からかの連絡を待ちなさい」といってくれたんですね。その言葉を胸に抱いて、敗戦まで生き抜いてくるんですね。

出所後・晋州時代

刑務所を出て、妹の敏子さんが結婚して釜山にいたので、そこを頼って行って、飯場の帳簿付けからはじめています。それから第一生命の保険の外交員をやっています。私の母・稔子とはこの頃知り合っています。勧誘先の弁護士のお妾さんのところで女中さんをしてたそうです。兄が五歳のときに政子さんと離婚します。一緒にいたら不幸になるからといって別れたそうですが、私はこの政子さんがいちばん気の毒だと思います。校長先生と結婚して、すぐ子どもができて一か月経たないうちに、夫は刑務所へ入って二年間も帰らない、その間お姑さんと義理の弟さんとの暮しは、どんなに心細かったことでしょう。そうして離婚ですものね。五歳の兄は父が引き取りました。それから私の母・稔子と結婚します。これは親戚じゅう皆に反対されて、晋州に駆け落ちしてるのです。

そして父、母、兄の三人の生活が始まります。父が治安維持法事件の被告であったことを知る人の多い晋州を生活の基盤に選べたのは、父に対する心情的な支持と人柄のせいではなかったろうか、と兄はいっています。母は昼も働いて夜はカフェーで働いて父を支えました。父の帰りが遅くて、五歳の兄は泣き泣き母の働くカフェーまで行ったこともあったそうです。母が亡くなったとき、兄がそのことをいって泣いたので、ビックリしました。初めて聞いた話だったものですから。

一九三七年五月二四日、私が生まれました。女の子が欲しかったんだそうで、私には憧れの人の名前「眞知子」と付けられました。その頃父は京城日報の支局をやっていましだ。月給取りではなくて販売店もしながら、記事も送る。広告料だけでまかなうのですから生活は大変で、集金はほとんど母がやっていたようです、私は母と一緒にトラックの助手席に乗って集金旅行に行ったこと憶えています。

その頃の父の記憶は父の膝です。あぐらをかいている膝に座る。私はどこにでも連れて行かれて、宴会なんかも行って、膝に座って前にあるものを食べるんです。それで、塩辛とか酒の肴が好きな子になりました（笑い）。とても可愛がってもらっていたんだと思います。父が写した写真がたくさん残っています。兄とは七歳違いになりますが、とても可愛がってくれ、きょうだい喧嘩の記憶はありません。

晋州は美しいところで妓生《キーセン》の学校があったそうで、美人の街でも有名です。直石楼というのが晋州川のそばにありますが、論介《ノンゲ》という妓生が、豊臣秀吉の朝鮮侵略のとき加藤清正方の大将を抱いて入水したところだそうです。父はこの川を泳いで渡ったことがあるそうですし、兄も論介の飛びこんだところで遊んだそうです。

北海道時代

一九四一（昭和一六）年、釧路春採《はるとり》の太平洋炭鉱、三井に就職したんです。月給は安かったと母がいってました。

朝鮮に労働者を募集に来たとき、特高の紹介で行ってるんです。追っ払いたかったのではないかと、父は、いっています。春採炭鉱時代、逃亡して逮捕された労務者の通訳に呼ばれて、不利になることをいうので、そんなことといっちゃ駄目だ、こういえといっていたら、長すぎる何をいっているのか、君の過去はわかっているんだからなと、やられてものすごく怒っていたこと、兄から聞きましたし、私も聞いた憶えがあります。当時の父と働いていた日本人の方が、父が朝鮮人労務者とお酒を飲んで一緒に踊っていたのを見たことがある、と証言しています。その頃の父と交流のあった沈載吉《シムチャキル》さんという人が二重連行されて、九州にいらっしゃるというので会いに行きました。二重連行という言葉を初めて聞きましたが、約束の二年が過ぎても帰さず九州に連れてこられたのです。沈さんはその頃十代でお酒が飲めなかったので上甲さんにあげると喜んでいた、と懐かしそうでした。遠い日本で言葉も気持ちも理解できる人がいるのは大きいですよね。

一九四四年弟壮二《そうじ》が生まれました。その頃、父は翼賛壮年団に入っていて、この名前が付いたのです。隣組の組長なんかもやっていて、会議が終わると、皆でゲームをやったりして楽しそうでした。その頃慰問に来た東京の劇団のお世話をして私を連れて舞台稽古を見たり、楽屋を訪ねたりしました。兄の話ですと、周りの人を集めて素人芝居をやって、私を出したそうですが、憶えがありません。その年三井は石炭の海上輸送がきびしくなって、朝鮮労務者を九州の三井三池炭鉱に移したのです。二重連行ですね。で、父と一緒に私たち家族も九州に移住して、そこで敗戦を迎えます。

戦後・パージ・紙芝居屋さん

日本が負けて戦争が終わったとき、父が何といったか……兄は中学生でしたから聞いていたと思いますが、私には記憶がありません。後に聞いたことですが、「自分が生きているうちにこんな時代が来るとは思わなかった。せめて孫の時代には自由に赤旗が振れる世のなかになればと思っていた」と、いいました。「逮捕されても釈放の時は、今なら仲間が赤旗持って大勢で迎えに行くことができる。自分が釈放された時は駅にお母さんがひとりでひっそりと迎えにきた」。そのとき祖父は亡くなってましたから……私はそれを聞いたとき子どもでしたから、ふーんといって聞いたのですが、ここまで原稿を書いたとき、ふっとふたりが最初に交わした言葉は何だったのだろう……と思うと胸が詰まりました。私もふたりの気持ちがわかる歳になりましたから……。

そして共産党を探して福岡まで行って福岡日日新聞にいらした星野力さんを訪ねています。後に新聞赤旗の編集局長をやり参議院議員もされてます。星野さんに指導を受けて、大牟田《おおむた》の地区委員会の設立に参加しているんです。そしてその頃、兄が一九歳で政令三一五号というのでつかまっているのです。朝鮮戦争反対のビラを危険だからと父の代わりに撒いてつかまっています。一九五〇年の七月、朝早く父に起され二階の兄の部屋に連れて行かれました。知らないおじさんが三人で兄の部屋をガサガサやってるんです。そしたら普段声を荒らげたことのない父が「これが敵のやることだ、よーく見ておけ!」っていったんです。大きな強い声で。刑事のひとりが「そんなことといわなくても」というような目で見るんですよね。それは私に対する教育だった、父の煮えくり返るような怒りがそうさせたのでしょう。兄は一九歳で熊本の京町の拘置所に連れて行かれましたから、拘置所のなかで二〇歳になりました。父は「レーニンのごとき革命家たれと育てた我が子伊利一、二十歳となりぬ」という手紙を、拘置所の兄に送っているんです。面会に小学生の私と就学前の弟を連れていったんです。自分も励まし兄も励ましたかったんでしょうか。私と弟は子どもだからと入れてくれませんでした。父と兄はふたりで何を話したのでしょうね。面会が終わって、兄が出てきたとき、「兄ちゃんだよ」っていわれて「あっ」といって手を振ったんです。薄暗い廊下で兄も手を上げました。いまでもハッキリ映画のように覚えています。そして父は本当に辛かったんだと思います。

その前年の一九四九年に、父は三井を首になっています。レッド・パージの前です。人事課にいて、なんでも筑豊の炭鉱で組合活動をやっていた人を雇ったのがきっかけだそうです。そして自分に何ができるか考えたのですね。そこで考え出したのが紙芝居屋さんです。「大牟田子どもを守る会」の生みの親でもあり、教育委員会に立候補もした人です。これは正解だったんですね。当時絵を描く人ものちに有名になった力のある人が描いたものもたくさん来ていて、「アルプスの少女ハイジ」などいまでも思い出します。そして、レッド・パージになった人たちと、グループを作って、その人たちの生活も支えることになります。全国にレッド・パージになった人たちの紙芝居屋さんができたそうですが、九州の父たちのグループがいちばん大きくて、最盛期には五〇人もいたそうです。父の紙芝居のコースのいちばん最後が高砂町の朝鮮の人たちの部落で、終わると焼酎を飲んで帰っていたそうです。

その紙芝居もテレビに押されて駄目になるんです。そしてニコヨン（当時の失業対策事業で、日給が二四〇円だったため、こう呼ばれていました）を、やることになります。これを勇気ある行動のようにいう人もいますが、いったい自分に何ができるか悩んだんだと思います。ぐずぐずとして決心がつかない父を置いて母がさっさと行ったんですね。母は根っからの労働者ですから……そのとき父が「お前は強いなあ」といったんですって（笑い）。これは、母から聞きました。

母から押されるように失対事業ニコヨンに行ったら、父の活動の場が沢山あったのです。全日自労（全日本自由労働組合）があり、うたごえ運動があり、そこで荒木栄《あらきさかえ》さんとも知り合いになります。あの「がんばろう！」の歌で有名ですが、最近は自民党も「がんばろう！」って手を上げてますね（笑い）。そして三池闘争の応援、板付《いたづけ》基地反対闘争、などなど。父が六〇歳の還暦のお祝いのときに、荒木栄さんが、「わが母のうた」を作曲してくれました。森田ヤエ子さんの作詞です。お祝いのとき森田さんが祖母・淑の背中をなでて「これは、お母さんのことですよ」といってくれたそうです。「わが母のうた」は、シューベルトの白鳥の歌に喩えられて、荒木さんの最高傑作だそうです。荒木さんが亡くなってからＬＰが出るんですが、その解説に「今は亡き老党員のために……」とあったので、「俺はまだ生きている……」（会場大爆笑）と手紙を書いています。それから弟も「あかつき印刷」に就職して子どもが三人とも東京に出たので、兄の提案で皆東京に呼ぼうということになりました。母を先に呼んで、祖母は入院してたものですから父が残り、高砂町にお世話になりました。朝鮮の人とともに暮らしたのはこのときで、高砂町の人たちにお世話になったのです。父の朝鮮語は「日本人が考えるほど上手ではないけれど朝鮮人が考えるほど下手ではない」これは本人の言葉ですが、在日の人よりうまかったようです。

上京して

一九六六年、祖母を看取って、父は上京します。その寸前に「新藤東洋男《しんどうとよお》先生」にお会いしてるのです。当時中学の先生をしていらして何の本だか忘れましたが、「日本人教員の闘いは朝鮮には例がない」と書かれたのを父が読んで「私はこんなことをしたのだが……」と手紙を書いたら飛んで見えたそうです。ここで初めて研究者の目にとまるのです。ラッキーとしかいいようがありません。そして小冊子にまとめたのを携えて父は東京に来て、いろんな方とお会いしています。朝鮮時代にお世話になった方、何よりも多くの研究者の方にお会いしてます。父はずーっと「自分は何もできなかった」と思っていたんだと思います。自分のやってきたことが歴史的に見てどういうことだったのか、研究者によって解明されたんですね。趙判出さんとも再会しています。ふたりで何を語ったのでしょうか。彼は英語と中国語をマスターして、貿易の仕事をしていると聞きました。私も会っています。偶然ですが、日本人の奥さんが、劇団の制作の女性と知り合いだったことを知りおどろきました。

この頃皆さんもご存知かと思いますが、「金嬉老《キムヒロ》事件」というのがあり、父はその裁判の証言を頼まれて、引き受けています。戦前戦後、朝鮮人の置かれていた状況の証言だと思いますが、これは自分がやらねばならない、と思ったのでしょう。周りの人たちの反対を押しきってやっています。

一九八七年三月二一日父は直腸癌で亡くなりました。入院した頃「売上税」のことが問題になっていました。父は白内障になり新聞も見出しぐらいしか読めなかったんですね。「売上税、売上税と書いてあるが何のことか」と聞かれました。本が好きなのにろくに読めなかったんですね。いまなら手術も簡単だそうですが、その頃思いつきもしなかった。心残りです。葬式には大勢の人が見送ってくださいました。お金持ちの人なんかいないのに、何もかもお香典で済みました。兄が「お父さんは生きてるときは子どもに赤貧《せきひん》洗うがごとしを強いたけど死んだときは何の心配もかけなかった」としみじみいいました。

おわりに

父が私にのこしたものは何だったのか考えました。父は私が小さい頃からどこへでも連れていきました。戦後の大牟田時代には、中央から来るいろんなもの、芝居はもちろん、映画、絵画、音楽。本当に一流のものを見せてくれました。父は私が大学を出て先生をやって子どもたちと演劇をやったらいいなあと思っていたらしいのですが、大学に行けるほどの余裕はない。それでちょうど兄が東京で民商（民主商工会）に就職できたので、東京に出ることにしました。母は私があまり身体が丈夫ではないことを心配して反対してましたが、父はとても喜んで賛成してくれました。旅費や演劇学校の入学金など、どうやって工面したのでしょうか、私は何にも知らずに意気揚揚と汽車に乗りました。弟から葉書が来て「姉ちゃんを見送って母ちゃんが泣きました。家に帰ったら父ちゃんが、泣きました。僕も悲しくなって泣きました」とありました。父が泣くなんて……思っても見なかったのでショックで泣きました。父からは励ましの葉書が沢山きましたが、残ってないのです。親不孝ですね。父は上京してきてからも、経済的には無理でしたがいつも応援してくれました。「親父のロマンは眞知子が受け継いでいるんだからな」と兄が死ぬ少し前にいいました。私はのん気に「そんなもんかなあ」ぐらいに考えていましたが、この原稿を書くとき、弟に父が最後にいった言葉は何だったか聞きましたら、「選挙はどうなったか？」といったというのです。最後まで、平和な世のなかを求めてやまなかったのですね。改めて父の生き様《ざま》を繙《ひもと》いて、子どもたちとともにもがき苦んだ朝鮮時代、それが原点になっている父の志を忘れず引き継いでいるか、と自分に問いかけているところです。ありがとうございました。

※本稿は、高麗博物館の企画展示「朝鮮の子どもたちと生きた教師 上甲米太郎」」（二〇〇八年八月五日―一〇月二六日、高麗博物館展示室）の会期中に筆者が行なった講演「父を語る」（二〇〇八年九月六日、高麗博物館展示室）の原稿を、一部加筆・修正したものです。

在朝日本人教師上甲米太郎の反帝国主義教育労働運動

李俊植

はじめに

日本と韓国が国交を正常化させてから今日に至るまで、「近くて遠い」二国間にはいまなお未解決の懸案事項が存在している。そのなかのひとつが日本での歴史教科書歪曲問題である。

最近では、二〇〇五年にこの問題で両国はぎすぎすした。ところでこの問題は、実は、事新しい話ではない。[1] すでに一九八二年に一度、日本、韓国、中国で問題となった。そのときは国内外の圧力に押された日本政府が、歴史教科書の検定基準として「近隣諸国条項」を設け、教科書を部分的に修正することによって問題は一段落した。その頃はまだ、歴史教科書問題が生じれば、政府次元の交渉や介入を通して解決することができた。

ところで、このような様相は最近になって変わり始めた。それを端的に示すのが二〇〇五年の教科書問題である。この年は特に、日本の歴史的責任を論ずるすべての動きに対して自虐史観だと批判する「新しい教科書をつくる会」が出した教科書、つまり扶桑社の教科書が中学校でどの程度採用されるかが焦眉の関心事となった。結果的には、「幸い」にも、採択率はそれほど高くなかった。

日本政府は二〇〇一年頃から、教科書記述問題は国家が関与すべき問題ではないという態度をとりながら、結果的には暗々裏に歴史教科書記述の歪曲を助長してきた。これに対して韓国政府は基本的に袖手傍観《しゅうしゅぼうかん》姿勢をとっていた。これは、二〇〇五年に日本の文部科学省が扶桑社の教科書を検定に合格させたとき、外交通商部の代弁者名義で「遺憾」とする声明を発表する程度の対応しか見せなかったことに端的に現われている。引き続き九月に文部科学省が扶桑社の教科書の採択比率は〇・四パーセントにとどまったと公式発表するや、「このたびの結果はわが国の歴史学会や地方自治団体、市民団体などが日本の市民社会と連帯して歪曲教科書採択阻止のためにねばり強く努力した結果」であることを認め、今後とも政府は「歪曲教科書問題に対する憂慮を伝え是正を強く求める」(二)という立場を表明するにとどめた。ここにも歴史教科書問題に対する韓国政府の立場がよく現われている。

歴史教科書歪曲問題が、政府レベルの外交努力によってではなく両国の市民社会レベルの連帯によって一段落したというのは、二一世紀の日本と韓国の関係を理解するのに重要な意味を持つ。周知のように日本社会の右傾化は日々加速している。(三)日本の社会で「新しい教科書をつくる会」の支持者は日々増えていくであろう。ところで、反面では彼らの活動を批判し監視する活動が徐々に強化されていることも確かである。(四)日本の良心的、進歩的勢力の存在が日本社会の右傾化を完全に阻止することはできないとしても、それなりに緩和させる役割は果たしている。したがって、私たちは日本人のなかにも他者の重要性を認識している人がいるということを絶えず確認し、彼らとの連帯を模索しなければならないと考える。

本文は、東アジア近現代史という脈絡で現在日本と韓国の間で模索されている連帯の歴史的起源を問うてみようとする問題意識に立脚し、かつて日本帝国主義（以下、日帝と表記する）が韓半島を植民地支配していた時期に日本人と朝鮮人が力を合わせて展開した反帝国主義闘争の一事例として、一九三〇年一二月に起きた「教育労働者組合事件」(五)を検討してみようとするものである。特に論議の焦点は、植民地朝鮮公立普通学校の日本人教師という立場にありながら、朝鮮民族を愛し、朝鮮民族解放のために日帝を相手に闘った上甲米太郎である。二〇〇六年現在、日韓連帯、ひいては東アジア連帯という脈絡に照らして、日帝の支配下に置かれていた植民地朝鮮で民族解放運動に身を投じた「名もない」一日本人の行跡《こうせき》が持つ意味を反芻《はんすう》してみようとするのである。

私たちは日本人を日帝の尖兵《せんぺい》と見がちである。(六)日本人が植民地朝鮮、特に都市で自分たちだけの「上流社会」をつくり朝鮮人の上に君臨したということは明白な歴史的事実である。しかし、これがすべての日本人に該当するわけではない。朝鮮人の上に君臨するより朝鮮人と共存し、ひいては植民地支配から解放を勝ち取ろうとする朝鮮人の闘争に喜んで加わった日本人の存在を忘れてはならない。

日帝強占期に植民地本国である日本に渡り、言葉ではいい尽くせない差別と抑圧を受けながらも、朝鮮民族の解放のためには日帝体制を打破することが必要であり、そのような脈絡で、日本の社会運動に献身した多くの朝鮮人がいた。(七) 反対に、日帝の植民者でありながら自らそのような地位を捨て、朝鮮民族の側に立って朝鮮（人）を愛し、ひいては朝鮮革命のために闘った日本人が少なからず存在したのも確かである。そのなかには個人的な次元で朝鮮（人）に対する愛を実践した日本人もいたが(八)「運動」の形態で朝鮮民族との連帯闘争を模索した日本人もいた。(九) 後者の代表的な例として、京城帝《けいじょう》国大学反帝同盟事件の市川朝彦・桜井三郎・平野而吉、平壌《ピョンヤン》赤色労働組合事件の米川秋穂などを挙げることができる。そして、彼らと並んで反帝国主義闘士の隊列に名を残すのが上甲であり、彼が主導した事件がまさに教育労働者組合事件である。

ここでまず、前提とすべきことがある。一般的に日本の社会主義者たちは、「プロレタリア国際主義」という基本原則があるにもかかわらず、植民地朝鮮の解放または社会運動に対して終始一貫消極的な姿勢を堅持していた。それだけでなく、コミンテルンの一国一党の原則によって、日本で活動した多くの朝鮮人運動家たちが日本共産党やその外郭団体に加入し活動した後にも、日本の社会主義者たちは朝鮮の民族解放運動、特に朝鮮で展開されている運動に対してほとんど関心を持たない場合もあった。したがって、日帝強占期プロレタリア国際主義の理想を全身で実践したのは党組織とは無関係な日本人個人であった。

本文で主に用いた資料は、教育労働者組合事件に対する日本警察の報告書、(一〇) 京城地方裁判所の予審終結決定書、(一一)京城地方裁判所の判決文及び関連資料、(一二)新藤東洋男《しんどうとよお》が書いた上甲評伝、(一三)上甲が残した日記、(一四)上甲が同志とやり取りした何通かの手紙などである。(一五)このなかで、警察や裁判所の資料は教育労働者組合事件関連の内容を含んでおり、日記は青年時代からの上甲の内面を理解するのに有用な資料である。

教育者の道

上甲は一九〇二年、愛媛県の農家に生まれた。上甲の父親は、新しい農法にもとづき多角営農を試みるほどに、新しい知識の受け入れに積極的な姿勢を持つ人物であった。しかし、それがかえって禍《わざわい》となって農業経営に失敗した上甲の父親は、朝鮮銀行に勤務していた弟の紹介で植民地朝鮮へ渡り、慶尚南道河東郡辰橋面《キョンサンナムドハドンチンギョ》の郵便局長になった。(一六)このとき上甲の家族でひとりだけ日本に残ったのが上甲米太郎であった。上甲は家族から離れ、ひとり大洲《おおず》の母方の実家で成長したが、母方の祖父母から大きな影響を受けることになった。祖父母からの影響はその後の上甲の考えや活動を理解するのに重要な意味を持つ。

まず、母方の祖父有友正親《ありともまさちか》は、日本が近代的政治制度を導入した後実施された衆議院選挙で二度も当選した経験を持つ人物であった。(一七)特に、当時日本の政界で民権論を主張した代表的な政治家であり、しかも一八九八年には日本で最初の政党内閣を樹立して内閣総理大臣になった大隈重信が率いる立憲改進党に所属した「革新的英国流政治思想」を持つ人物であった。この点に注目する必要がある。(一八) すなわち、上甲の祖父は当時としては進歩的な性格を持っていた自由民権運動の積極的参加者であったのである。上甲も母方の実家で祖父を通して自由民権思想を直接経験した可能性が大きい。

一方、祖母は、実家がキリスト教を信じる家庭の出身であった。このような祖母の影響下で、叔母はキリスト教主義学校を卒業した。おそらく母親のいない生活で、祖母や叔母は母親の代役を務めたことであろう。したがって上甲は、祖母が通った教会の日曜学校へ小学生のときから通い始めた。そして、中学校在学中に洗礼を受けた。(一九) このように祖母の影響下でキリスト教信者になったことが、その後の上甲に大きな影響を及ぼした。中学校を卒業する頃には、すべてを捨てて牧師になろうと考え(二〇)るほどに上甲は一時キリスト教へ深く心酔していた。特に、家庭の没落という現実に苦しめられていた彼を捉えたのは、キリスト教のいう天国であった。

父親の破産によって家庭の事情は苦しく、大洲中学は卒業したけれども高等学校や大学への進学は断念せざるをえなかった。(二一)「すべての望みを捨て(二二)」、その代価として教師になるために京城高等普通学校附設臨時教員養成所に入学したのが一九二〇年であった。(二三) 三・一運動の余波によって日帝が植民地の支配政策をいわゆる「文化統治」へ「転換」させていた年であった。

臨時教員養成所は一年制であった。すなわち、日帝が初等教育を担当する教師をより多く確保するために実施した短期間の教育課程であった。けれども、当時植民地朝鮮では普通学校教師を送り出す最高の教育機関であった。そして上甲が卒業した直後には、増え続ける普通教育の需要に追いつくために初等教師を増員する必要性が増し、五年制の京城師範学校へ転換された。(二四)

日帝の植民地教育が究極的に目指すところは、国家体制、すなわち、天皇制に忠誠を尽くす児童を育て上げることであった。植民地支配に有用な道具としてだけの教育が推進されていた。初等教育は特にそうであった。このような日帝の意図にもとづいて設置された臨時教員養成所で教師になるために必要な教育を集中的に受けたが、上甲の場合、結局、植民地支配体制に順応する児童を育てるのではなく、日帝を拒否する児童を育てるための教育労働運動の道を選択した。この点が特異である。

上甲は一九二一年三月臨時教員養成所を卒業した。そして兵役を終えた後、一九二二年慶尚南道咸《ハ》安《マン》郡にある咸安公立普通学校教師として赴任した。そこから本格的に教師としての道を歩み始めた。(二五)ところで、都市ではなく農村の学校へ赴任することになったのが上甲のその後の業績に重要な意味を持つ。咸安公立普通学校は、当時咸安では、朝鮮人だけの学校としては唯一の学校であった。一九二四年には慶尚南道陜川《ハプチョン》郡冶炉《ヤロ》面の冶炉公立普通学校へ転勤した。(二六)そこでは校長を兼任した。教師が校長を兼任するのは、当時小規模の普通学校では一般的に行なわれていた慣行であった。そして、日帝は当時まだ普通学校の教師が朝鮮語を学習するのを奨励していたので、朝鮮語にある程度堪能な日本人教師に限って校長に昇進させる方針をとっていた。(二七)後述するように、上甲は朝鮮語が堪能であったために、三年という短期間で校長に昇進したものと思われる。

つづいて一九二七年には、慶尚南道泗川《サチョン》郡昆明《コンミョン》公立普通学校へ再び転勤した。(二八) ここでもやはり校長を兼任した。一九三〇年末警察に逮捕されるまで勤務したのも昆明公立普通学校であった。教職生活一〇年の間上甲が勤務した所はみな農村であった。特に冶炉公立普通学校と昆明公立普通学校は小規模な僻地校であった。

したがって上甲は、最初の赴任地から朝鮮農村の現実に直面せざるをえなかった。当時朝鮮の農村は、日帝の植民地農業政策が強行される過程で、伝統的な共同体は弱化ないし解体された。反面、近代的営農の機材を導入した地主の支配力が強化されるなか、過剰人口を抱え苦痛を味わっていた。ところでこの過剰労働力を吸収する資本や都市はいまだ未成熟な状態であった。したがって、地主制の矛盾は農村でますます激化した形態をとって現われた。農民生活の不安定はまさに普通学校教育を受ける子どもたちの不安定に直結していた。当時朝鮮総督府は植民地朝鮮でごく限られた初等教育中心の教育政策を施行していた。それゆえ特に農村での普通学校就学率はきわめて低い水準であった。(二九) 普通学校教育の機会さえ少数者にのみ開かれており、やっとの思いで入学した少年たちの多くは、学ぶことを中途で放棄せざるをえなかった。(三〇)

このような教育現場の現実こそが、上甲が、結局、教育の問題は社会問題と直結していると認識する契機となった。自分が引き受けている初等教育自体が日本の帝国主義による朝鮮植民地支配永続のための手段になっている現実を自覚するに至り、上甲は教師としての深い苦悩に陥った。キリスト教の神から回答を得ようとし、また、尊敬する先生たちにも助けを求めた。(三一) 苦悩が非常に深まった一九二五年頃には自殺を考えながら遺書も書いた。ところで、「骨は咸安と治炉と日本の三つ」に分けてくれとたのむ遺書に、同時に、「朝鮮人を愛する生活に一生をささげること」や「朝鮮の土になること」の決心を記していることに留意する必要がある。(三二) その頃の上甲は朝鮮を自分の骨を埋める場所と考えていた。朝鮮に来てからわずか数年しかたっていなかったにもかかわらず、このような朝鮮に対する深い愛情を抱くようになった理由は、何であったのか。現在残されている資料でそれを明らかにすることはできない。しかし、その背景に朝鮮人に対する愛情があったことだけは明らかである。朝鮮人を愛することが「神から与えられた召命」とまで考えていたことにその端緒を読み取ることができる。(三三) そして、このような愛情に支えられて死への衝動に打ち勝ち、朝鮮民族の解放のための積極的な反帝国主義闘争の道へと入っていった。

　朝鮮人への愛は、はじめ、いくつかの個人的な行為に現われた。そのひとつは朝鮮語に馴れるための努力であった。彼の朝鮮語の駆使能力は日本人としては最高の水準にまで達していた。(三四) 直接授業を朝鮮語でし、慶尚南道に勤務していた地方教師たちの研究会へ出かけて朝鮮語で話し合いをする程の水準であった。当時の朝鮮総督府が普通学校の教師に要求する水準(三五)以上に朝鮮語を流暢《りゅうちょう》に駆使していた。これは、朝鮮人学生、ひいては朝鮮民族に対する愛情なしには不可能なことであった。

もうひとつは、朝鮮人女性を愛したことである。(三六) 植民者と被植民者の愛、それも教師と学生の愛という二重の障壁のために、結局この愛は実らなかった。けれども、日本人によって劣等民族だと決めつけられていた朝鮮人を愛したのは、上甲がすべての人間は平等であるとの前提の下に朝鮮民族に対していたことを象徴的に示している。

しかし、より重要なことは、朝鮮（人）に対するこのような愛情表現が単に個人的な行為のみにとどまらなかったことである。上甲自身の言葉を借りれば、「児童へ対する愛から、被圧迫民族を解放させようとする熱情から生まれた教育が、朝鮮では行なわれていなかった」。このことに対する自己反省をふまえて、(三七) 結局、愛情表現は「被圧迫民族の解放」のための社会運動にまで広がった。そして、ここに、上甲が持っていた内在的信念の転換過程が示されている。

キリスト教信者からマルクス主義者へ

教育労働者組合事件によって逮捕された後、警察の取調べや裁判所の裁判過程で、上甲は一貫して自分がマルクス主義者になった理由を次のように言明した。すなわち、自分はもともとキリスト者としてすべての人が平等に生きる地上天国の問題に関心を持っていたが、社会科学の本を読み、地上天国が実現されないのは結局資本主義社会制度であるからだということを知り、反資本主義の理念であるマルクス主義を受け入れるようになった。特に東京で「プロレタリア教育の研究、建設」(三八)を掲げて出帆した新興教育研究所を通して当時日本で展開された教育労働者組合運動を知った。その運動を植民地朝鮮でも適用する実践活動に身を投じる決意をするようになった。このように明かした弁明に注目する必要がある。

上甲の思想はもともとキリスト教的ヒューマニズムから出発した。一時牧会者になろうと考えるほどキリスト教に深く没頭していた。そのような彼としては、暗雲立ち込める現実からの突破口も神に求めるほかなかった。実際、彼が書いた日記を見ると、一九二〇年代なかばまでは、ひとりの惰弱な人間が過酷な社会現実に直面し神に助けを求める内容が多く書かれている。しかし社会的実践と乖離《かいり》したキリスト教信仰は、社会の現実問題解決策に飢え渇く上甲に窮極的な回答を提示することはできなかった。特に民族矛盾と階級矛盾が重なり合って表面化していた植民地朝鮮の農村で勤務するうちに、上甲の思想に大きな変化が現われ始めた。警察で陳述した内容を中心に整理した資料によると、「困窮した無産階級子弟の実情を目にし、その原因がどこにあるかを追及する研究に没頭し、結局それが社会制度の欠陥にもとづいているという信念を持つようになり、共産主義社会にあこがれ」るに至った(三九)。

上甲がキリスト教から離れ新しい理念的代案を模索する姿は、一九二七年頃から現われ始めた。ここで、一九二七年一〇月に書かれた日記のある題目に注目する必要がある。この日記で上甲は、社会問題は個人の過ちではなく「社会の責任」であるという観点から接近しなければならないと書いている。[四〇] これは、上甲がキリスト教の神、そして西洋式の個人主義から抜け出していることを示している。だからといって、キリスト教から社会主義への転換がスムーズに行なわれたわけではなかった。

上甲は一時、魂の救済だけを掲げ現実社会の問題に顔をそむけるキリスト教に代って、天国を地上に実現させることが重要であると強調し、現実社会への実践的参加を肯定するキリスト教社会主義に傾斜したこともあった。おそらく日本の代表的なキリスト教社会主義者であった賀川豊彦[四一]の影響を受けていたものと思われる。実際彼は、一九二〇年代なかばには賀川の本を耽読《たんどく》していた。[四二] そうかと思うと、一九二七年ごろからは、一時クロポトキンのアナーキズムに社会問題の解決策を求めた。[四三]

おそらく、キリスト教の隣人愛とクロポトキンがいう相互主義に理念的同質性を見出したからであろう。しかし、すでにキリスト教に限界を感じていた上甲は、アナーキズムにも現実的な代案を発見することはできなかったものと思われる。

代りに、一九二七年末からはマルクス＝レーニン主義へ傾斜し始めた。このことは一九二七年一一月『資本論』[四四]を注文したことで端的に確認できる。[四五] おそらく新聞や雑誌を見て『資本論』を知ったのであろう。当時日本では、マルクス＝レーニン主義の書籍が合法的に広く出版されていた。新聞、雑誌などを通して社会科学の書籍出版情報に接するのは常時可能であった。誰も『資本論』について話してくれない状況下で、主体的な選択によってマルクスの代表的な著書を注文したのは、上甲が、いまやひとりで、社会主義系の著書を読む段階に至り始めていたことを意味する。

上甲は一九二八年から社会科学書をますます集中的に耽読し始めた。(四六)この頃からは、キリスト教のいう天国は地上天国でなければならないということから一歩進んで、地上天国を築き上げるには万人が平等である新しい社会が建設されなければならないと信じるようになった。すなわち、地上天国を邪魔するのは現実社会での不平等であり、そのような不平等は資本主義経済組織に基因するのであるから、資本主義を打破し共産主義社会を実現しなければならないという信念を確立するに至った。いまや、かつて自分が従った十字架に、これから従う革命を結合させたのである。すなわち、キリスト教にマルクス＝レーニン主義を結合させることによって、他人や組織の影響力なしに革命運動に投身することを決心するひとりの社会主義者が植民地朝鮮の一農村に誕生したのである。この頃上甲がマルクス＝レーニン主義を受容していたことは、生まれたばかりの息子の名前をレーニンの名からとって伊利一《いりいち》としたことに端的に現われている。教育労働者組合を模索する過程で同志に宛てた手紙にも、「伊利一の父」という呼称を好んで使うほどに、(四七)上甲はマルクス＝レーニン主義にはまっていた。植民地朝鮮の農村普通学校で、子どもたちを教える自分の行為を革命と関連させながら考え始めたのである。それはどうして可能であったのか。外部の党組織または大衆組織と何ら組織的つながりがなかった上甲は、自分でそのような連係を捜そうと努力するしかなかった。

その初期段階は、『プロレタリア科学』、『戦旗』、『無産者の福音』、『国家と革命』（レーニン）、『貧乏物語』（河上肇）など、当時日本で発行された社会主義系の雑誌や単行本を購読することであった。新興教育研究所が一九三〇年九月に、『新興教育』を発行したのを新聞広告で知るやただちに直接手紙を書き買い求めたのも同じ脈絡であった。上甲にとって、これが、社会科学に対する読書を通して日帝の植民地支配に批判的視点を育て、教育労働運動に直接身を投じるようになる、決定的な契機となった。その後の上甲の行跡は新興教育研究所が標榜したプロレタリア教育運動を植民地で実践することに集中した。

教育労働運動の構想

上甲が教育労働運動を展開するうえで基本指針としていたのは、新興教育研究所の運動方針であった。それならば、新興教育研究所の運動は何を目指していたのだろうか。それは資本主義教育制度の矛盾を根本的に暴露し、プロレタリア教育を確立すること、労働運動・農民運動と提携してプロレタリア独裁が形成される新しい社会を建設することだと集約することができる。(四八)もう少し具体的にいえば、「教育が目標とする人間解放は、政治的自由が獲得されなければそれは幻想にすぎない。組織には組織で向かう。教育者の政治的実践のあるべき形態は、革命的教育労働者の団結による教育労働者組合運動でなければならない」というものである。(四九)

ひとつ注目すべき点は、新興教育研究所はそもそも、植民地朝鮮の問題に対しては特別な方針を明らかにしていなかったという点である。これは、当時の日本社会主義運動の主流と一致する現象であった。ここには植民地朝鮮の現実を知らない、いや知ろうとしない、日本人社会主義者たちが持っていた朝鮮に対する侮蔑感が一定部分作用していた。多くの日本人社会主義者たちは、公式的にはプロレタリア国際主義を標榜《ひょうぼう》するけれども、実は、朝鮮の民族解放運動を副次的なものと認識していた。そして、そのような脈絡から、日本の社会主義運動に朝鮮の社会主義運動を服属させようとする認識を強く持っていた。コミンテルンの一国一党の原則がこのような傾向に拍車をかけた。日本で活動した朝鮮人社会主義者の任務は、日本共産党に加入して日本の革命のために服務することと規定されていた。

しかし、日本で活動していた社会主義者たちとは違って、上甲は朝鮮で革命運動の一端を担う教育労働者組合を設立することを自分の活動目標であると認識していた。したがって朝鮮民衆の現実から顔をそむけることはできなかった。上甲の日記や同志に宛てた手紙に明白に現われているように、上甲の関心はいつも朝鮮農村の現実問題、例えば、高率の小作料、農産物共同販売制度を通した農民搾取などに置かれていた。(五〇)自身が没落した農民の子であったため、農村の現実により敏感であったのかも知れない。それよりも、結局、農村で生徒たちに教える問題は農村の貧困問題に直結しているという自覚が、より大きく作用したのであろう。

上甲は朝鮮での教育労働運動が朝鮮民族の解放を目指す活動と繋がらなければならないと認識していた。朝鮮におけるプロレタリア教育運動の対象が、現実的に、日本人ではなく朝鮮人でなければならないという意味でもそうだが、特に上甲自身が、先に言及したように、朝鮮（人）に対する格別な愛情を持っていたという意味でもそうであった。上甲は、『新興教育』に「朝鮮・一同志」という名で投稿した文章で、この点を明らかにした。（五一）上甲は、「労働者の、農民の、学生の闘争！　朝鮮の教員大衆も自覚しなければならない。われわれの背後には全朝鮮を動かす偉大な力がある」といっている。上甲がいう、「偉大な力」とは何か。おそらく、一次的には、一九二九年末に始まり一九三〇年まで全国的に燎原《りょうげん》の火のごとく起きた光州学生事件を指していると考えられる。そして、一歩踏み込んで、光州学生運動後激化する兆候を見せていた労働者・農民による大衆闘争の高揚、すなわち、革命的労働組合運動と革命的農民組合運動であると解説できる。このような脈絡で見ると、上甲が考えた教育労働運動は、一方では日本の教育労働運動と結合しなければならないが、同時に、他方では植民地朝鮮で高まっていた民族解放運動と結合しなければならないというものであった。教育労働者組合事件が反帝国主義民族解放運動の一環として記録される理由もまさにここにある。

上甲は自分の構想を具体的に確立し実践する過程で、一九三〇年一〇月咸安公立普通学校時代の教え子であり当時京城師範学校の学生であった趙判出《チョパンチュル》、そして趙判出に誘われた京城師範学校の学生菊池輝郎に出会い、運動の基本方針を確定した。（五二）彼らはこの出会いで、当時の情勢を「不合理な現資本主義制度は歴史的に崩壊過程にあり、共産主義革命はもはや時間の問題」になったと認識した。このような情勢認識は当時朝鮮民族解放運動の基本的情勢認識であった革命的情勢認識と同一のものであった。(五三)そして、自分たちの追求する運動の性格を「われわれ教育者は教員労働組合を結成し革命運動の一部分を担当」しなければならないが、「共産革命の実行には中央に確固とした中心勢力が必要であり、その旗の下にわれわれの組合は統一」されなければならないと規定した。

すなわち、新興教育研究所を自分たちの運動を指導する「中心勢力」と認めたのである。そうしながらも、日本とは違う植民地朝鮮の現実に目を向けることも忘れなかった。それは、「行動綱領に朝鮮の特殊性である日本人職員に支給される六割の特別手当を減額し、朝鮮人職員の増額を主張する一項目を挿入する必要がある」と決定したことに如実に現われている。いま行動綱領の全容を知ることはできないが、新興教育研究所が設定した教育労働運動の行動綱領に朝鮮の現実を反映させる内容を追加しようとした点だけは確認できる。それも典型的な民族差別政策のひとつである日本人教師の特別手当に対する問題提起であった。すなわち、日本人教師と朝鮮人教師の差別を撤廃しようとする内容であった。これは上甲たちが根本的に教育における日本人と朝鮮人の差別自体を追及したことを示唆している。これは、さらに、日帝の植民地支配体制を打破することなしには不可能なことであった。さらに強調すれば、彼らの活動を理解するには、「被圧迫民族の解放」、すなわち、朝鮮民族の解放のための運動の脈絡にそってなされなければならない。

教育労働者組合を結成しようとする上甲の活動はふたつの方向で推進された。ひとつは、趙判出と連絡し、京城師範学校のなかに将来普通学校の教師になる同志を獲得することであった。このような方針に従って趙判出が仲間に入れたり、入れようとした学生には、趙判出と行動をともにしていた菊池以外に、徳田明、谷本三男、呉聖俊《オソンジュン》などがいた。彼らはOU前哨社という名の秘密結社を結成した後、『新興教育』をはじめとした社会科学の書物を読み、読書会を開催する活動を展開した。一方、趙判出は東京の新興教育研究所に直接連絡をとり『新興教育』を購読した。この過程で新興教育研究所が趙判出に三、四名を単位にする二、三組の班を作るよう指示したことから、上甲とは別の連絡網が形成されていたことがわかる。(五四)

もうひとつは、自ら平素親しくしていた周囲の普通学校教師を対象に、『新興教育』を読むことを勧め、彼らと教育労働運動の必要性を論議するなかで教育労働組合に対する共感帯を拡大させることであった。実際に、晋州《チンジュ》公立普通学校教師の山田鉄男、李華俊《イファジュン》、趙明済《チョミョンジェ》、朴麟浩《パクインホ》とは直接会って『新興教育』の読書を勧め、組織の問題を協議し、泗川尋常小学校教師の寺島秋男、咸安公立普通学校教師の山田、中西勝三郎、蔚山三東《ウルサンサムドン》公立普通学校教師の小川隆義、晋州二班城《イバンソン》公立普通学校教師の藤城友信、泗川昆陽尋常小学校教師の増田多満亀、咸鏡南道《ハムギョンナムド》会寧《フェリョン》尋常小学校教師の前川福右衛門などには『新興教育』を郵送した。上甲が『新興教育』を一号あたり一〇冊ずつ購入していたことから、おおよそ一〇名内外の読書会組織を持っていたことがわかる。

私たちはこのような活動から次のような特徴を摑むことができる。第一に、日本人と朝鮮人を網羅した組織員を確保しようとした点である。特に現職教師の場合、日本人学校である尋常小学校の教師と朝鮮人学校である普通学校の教師が網羅されていたという点が注目される。これは、結局、朝鮮人に対する教育を含む日帝教育を拒否する次元での教育運動を構想していたことを意味する。

第二に、上甲たちが構想した教育労働者組合はどこまでも新興教育研究所で構成されていた教育労働者組合の支部としての性格を持っていた。すなわち、日本の教育労働運動と連係したものであった。いい換えれば、独自の綱領を用意するほどの組織を構成していなかったことを意味する。それでも、先に言及したように、新興教育研究所の行動綱領に朝鮮の現実を反映させた条項を追加することによって、特に朝鮮人教師を抱きいれようとした点が注目される。

第三に、京城師範学校の学生と普通学校の教師の間である程度の同志が確保されれば、『新興教育』の支局及び班または読書会を組織した後、それがある程度成長すれば、それを日本に生まれる教育労働者組合の支部にすること、これが上甲たちが考えた教育労働者組合の結成方式であった。これはレーニンが主張した全国的な政治新聞による組織方式を連想させる。

ところで、日帝の各種資料によれば、教員労働者組合事件では朝鮮の民族解放と関連した内容はほとんど出てこない。悪法のなかの悪法といわれている治安維持法が一九二八年に改正され、私有財産制度の否定、すなわち、階級運動よりも国体の変革に対する処罰をより強化したことが、上甲たちに民族解放運動に関連した陳述を少なくさせた可能性もある。しかし、それよりも、日本人が朝鮮民族の解放闘争に立ち上がったという事実が世間に知られるのを極力回避してきた警察が、教育労働者組合事件を基本的にプロレタリア教育運動とみなしたことがより重要であると考える。しかし、この事件の内面には、植民地朝鮮の児童のための真の教育が実現されるためには日帝から朝鮮民族を解放させる課題が成就されなければならないという上甲の考えが敷き詰められている。

上甲の企画は途中で挫折した。一九三〇年一二月警察に逮捕されたのである。検挙のきっかけは光州学生運動の余波から始まった。光州《クァンジュ》学生運動が農村の普通学校の生徒まで参加する、全国的、全民族的運動へと拡大したことに(五五)危機意識を感じていた日帝警察は、師範学校の朝鮮人学生たちの動向を鋭意監視していた。そのようなとき、京城師範学校学生たちの私物検査をしたところ、上甲が趙判出に送った手紙が発見され、趙判出が捕まり、続いて上甲が捕まり、教育労働者組合事件が「作り出された」のである。そして、上甲には、一九三二年一二月、懲役二年、執行猶予五年の刑が確定した。この他にも、教育労働者組合事件の背後とみなされた新興教育研究所の山下徳治が懲役二年、執行猶予四年、同じ研究所の西村節三、京城師範学校の菊池輝郎と趙判出がそれぞれ懲役一年、執行猶予五年の刑をいい渡された。

「教員共産党事件」という物々しい名前にもかかわらず、上甲をはじめとした事件関係者全員が執行猶予という軽い処分を受けたのは何故であったのか。おそらく、事件関係者多数が日本人であり、それも大部分が現職教師であったという点が作用したのであろう。上甲の場合にも陸軍少尉の経歴を持ち、現職校長であった。日帝としては波紋の広がりを憂慮せざるを得なかった。さらに、彼らが企図した運動自体が事前協議段階にとどまっていたという点、すなわち、実際に組織化の段階に至っていなかった状態で検挙されたという点も作用したであろう。

おわりに

日帝強占期に植民地朝鮮に住んだことのある日本人について日本語で書かれた手記などを見ると、ほとんど共通して現われる話の構造がある。それは話の主人公がみな「朝鮮人に差別感を持たない優しい日本人」であったと書かれている。つづいて、結局、日帝は間違っていたかも知れないが、日本人ひとりひとりは帝国主義とは無関係な存在であり、ひいては、朝鮮人と朝鮮文化を好んだ人間であったという思いが敷き詰められている。しかし、「優しい日本人」に関する話は神話にすぎない。単に官僚や警察だけが朝鮮人を抑圧したのではない。多くの日本人が朝鮮人を人間以下のけだもの扱いし、朝鮮人の上に君臨しようとした。だからといって、すべての日本人をそのような存在であったと見るのも間違いである。そのような状況のなかでも、朝鮮に愛情を持ち朝鮮人を人間として尊重した日本人がいなかったわけではない。植民者として来ながらも被植民者である朝鮮人と平等に接するとき、そこから民族や国家の壁を乗り越える、真の意味での国際的連帯が芽生えた。日帝の植民地支配を受けた朝鮮人が展開する民族解放運動に参加した日本人を通して、われわれは帝国主義の時代に光を放っていた国際主義の理想を確認することができる。本文で取り上げた上甲も、自分が身を投じた教育分野でプロレタリア国際主義を実践した日本人であった。それゆえ、東アジア反帝国主義闘争の歴史の流れに沿って、そして、その闘争の一端を担った植民地民衆の立場に立って、上甲を評価する作業が行なわれなければならない。

一九二〇年代と一九三〇年代は国際主義の理想が多くの人びとをとらえていた時期であった。シベリアでロシア革命に直接加わった朝鮮人パルチザン、中国革命に献身した朝鮮人活動家、中国共産党による反民生団闘争過程で多くの犠牲者を出した後にも中国人とともに反日武装闘争を展開した朝鮮人パルチザンなどは、すべて人間解放のための国際連帯であったと認識するときに、その意味を正しく評価することができる。日本人でありながらも朝鮮民族の解放のために闘い、獄苦をなめ、教壇を追われた上甲の行為も、このような時代精神と関連して理解されなければならない。

上甲以前にも、教育現場で民族的優越感の壁を越えて朝鮮人に対する愛情を個人的に実践した日本人教師がいなかったわけではない。赤羽王朗(中央高等普通学校)、荒井徹(大田中学校、京城中学校)などがそれに該当する。(五六) しかし、彼らはみな、自らの意志であれ、他から強制された場合でも、「運動」という形態で自分の理想を実現できないまま、教壇から退いた。彼らに比べ、学歴、経歴において優れているわけではなく農村普通学校の教師にすぎない上甲は、朝鮮人に対する愛情を反帝国主義教育運動の次元で実践した最初の日本人教師であった。このような意味で、私たちは彼を特別に記憶しておく必要がある。

上甲は、見方によっては、大変平凡な日本人であった。まだ物心がつく前に家が没落したため、家族が離ればなれに暮らす不運な青少年期を過ごした。父親が朝鮮で働いていたという理由だけで朝鮮に渡ってきた。これが上甲にとって大きな転機となった。他の日本人がそうしたように、植民者として被植民者の上に君臨することも可能であった。たとえ高い地位でなかったとはいえ、農村所在の公立普通学校の教師（後に判任官待遇の校長に昇進）といえば少なくともその地域社会では一定の力が担保された地位であったからである。

しかし、上甲は個人的に安楽に過ごす道を選ばず、朝鮮人を愛し、労働者・農民のための苦難の道を選択した。プロレタリア国際主義に立脚し、口では「朝鮮人と連帯し闘わなければならない」と力説した多くの日本人社会主義者がいた。しかし、実際には、彼らのなかには朝鮮の民族解放運動に背信した者が少なくなかった。プロレタリア国際主義の理想を自分が身を置く現場で誠実に遂行した日本人のひとりとして、上甲は歴史に記録されなければならない。

ここで、朝鮮に住んでいたほかの日本人が上甲を「大馬鹿野郎」と呼んでいた事実を、ことさらに強調する必要がある。（五七）帝国主義植民者である日本人から異端扱いをされたとしても、だからこそ被植民者朝鮮人からは愛と尊敬を受けることができ、また、当然に受けなければならなかった人物であった。しかし、日帝の植民地支配という厳しい現実は、彼を教壇から追放した。以後上甲は自分の信念を実現する機会を持つことができないまま、平凡な生活者としての人生を歩んだ。

最後に、上甲など在朝日本人の反帝国闘争に対する梶村秀樹の評価を引用する。「朝鮮人と共に監獄に行き、その中で朝鮮人から主体的に学ぶ姿勢を確立していた。もっと大きな意味で、彼らこそ今日まで意義を持ちうる唯一の日韓連帯思想の先駆者であったということができる。——しかし、彼らの行動が非常に優秀な個人の感受性や道徳性によって成立していたにすぎず、組織的な姿勢の発現ではなかったことを指摘しておかなければならない。——彼らの行動が植民者社会を激しく揺するまでには至らず、そこを飛び出した極少数者の行動としてしか成立しなかった点に問題の深刻性がある」（五八）。

梶村秀樹の指摘にも部分的に現われているように、活動家としての上甲はアマチュアの域を出ていなかった。後に裁判過程で決定的な証拠として用いられることになった手紙をそっくり保管していたことがその端的な例である。これは上甲だけでなく趙判出など他の関連者にも該当する。何ら組織活動の経験を持っておらず、身近に活動を指導してくれる活動家や組織もない状況で、上甲が夢見た反帝国主義プロレタリア教育運動は、一定の成果を得ることができないまま、空しく終わってしまった。あたかも白昼夢のように。

しかし、上甲は出獄後も、朝鮮民族に対する愛情と万民平等の社会実現という信念そのものを放棄しはしなかった。第二次世界大戦が終わった後、上甲は在日朝鮮人が多く住んでいる地域で、社会教育運動を通して青年期の理想を実現する道を歩んだ。そうして、彼と意を同じくする少数の日本人はもちろん、多くの在日朝鮮人は、いまも、彼を「人民教師」と呼んでいる。(五九)

※本稿は、二〇〇六年、韓国の学術雑誌『韓国民族運動史研究』四九号に発表された論文を、高麗博物館の山田貞夫が翻訳したものです。

(一) 李俊植「日本の歴史教科書歪曲問題の意味」(『黄海文化』二〇〇一年夏季号)。
(二) 『聯合ニュース』(二〇〇五年一〇月六日)。
(三) ある意味では前任の小泉純一郎総理よりも右翼的だという評価を受けている安倍晋三が二〇〇六年、「戦後」世代でははじめて総理になったという事実が、日本の右傾化を象徴的に示している。
(四) 駒込武「「作る」歴史「力を与える」歴史教育——繰り返される日本の歴史教科書問題」(『中等わが教育』二〇〇一年四月号)一一七頁。
(五) 当時の新聞はこの事件を「教員共産党事件」と呼んだ。しかしそれはまさに誇張報道であった。教師たちがはじめて組織的な左翼運動を行なったことに日帝の警察当局が衝撃を受けたのは事実であるが、それでもこの事件関連者の活動は日本共産党と関係したものではなく、当時朝鮮で展開されていた朝鮮共産党再建運動と連携したものでもなかった。そして一部の資料では「新興教育研究所事件」となっているが、これは当時日本で教育労働運動を展開していた新興教育研究所を事件の中心に据えようとする日帝の意図が反映された表現であると考えられる。後にまた言及するが、この事件は日本が発端になったのではなく、朝鮮で教育労働者組合を作るために展開された一連の行動が発端になった。したがって、「教育労働者組合事件」と呼ぶのが正しい。

（六）　日本帝国主義が単に国家権力の次元でのみ実現されたのではなく、民間人植民者の次元でも実現されていたことを指摘した先駆的な業績としては梶村秀樹「植民地と日本人」、「植民地朝鮮での日本人」（『梶村秀樹著作集1　朝鮮史と日本人』明石書店、一九九二）などがある。その後、在朝日本人が日本帝国主義の植民地支配でどのような役割を果たしたかを明らかにする研究が日本はもちろん韓国でも相当に進展した。特に最近では、韓国での研究が活発である。代表的な研究としては（以下、韓国の出版物に関しては、人名をカタカナで表記）、

木村健二『在朝日本人の社会史』（未来社、一九八九）、「在外居留民の社会活動」（『近代日本と植民地5』岩波書店、一九九三）、「朝鮮居留地における日本人の生活態度」（『一橋論叢』一一五巻、一九九六）、「在朝日本人植民者「サクセス・ストーリー」」（『歴史評論』六二五、二〇〇二）。

辛美善「在朝日本人の意識と行動――「韓国併合」以前のソウルの日本人を中心に」（『日本学報』一四、一九九五）。

李圭洙「日本人地主の集積過程と群山農事組合」（『一橋論叢』一一六巻二号、一九九六）、「二〇世紀初日本人農業移民の韓国移住」（『大東文化研究』四三、二〇〇三）。

李俊植「日帝強占期群山での有力者集団の推移と活動」（『東方学誌』一三一、二〇〇五）。

高崎宗司『植民地朝鮮の日本人』（岩波書店、二〇〇二）。

内田じゅん「植民地期朝鮮における同化政策と在朝日本人――同民会を事例として」（『朝鮮史研究会論文集』四一、二〇〇三）。

古川昭『群山開港史――群山開港と日本人』（ふるかわ海事事務所、二〇〇四）。

チョンヘギョン・イスンヨップ「日帝下緑旗連盟の活動」（『韓国近現代史研究』一〇、一九九九）。

チョンヘギョン「『毎日申報』に映された一九一〇年代の在朝日本人」(水曜歴史研究会編『植民地朝鮮と毎日新報』新書院、二〇〇二)。

チョンソンヒョン「韓末―日帝初期京城産業会議所の設立と活動」(『歴史研究』八、二〇〇〇)。

パクチェサン「韓末・日帝初期(一八九七―一九一五)木浦日本人産業会議所の構成員と議決案件」(『韓国民族運動史研究』二六、二〇〇〇)。

パクチンスン「日露戦争以後のソウルにおける日本人居留地拡張過程」(『地方史と地方文化』五巻二号、二〇〇二)、「ソウルの日本人居留地形成過程――一八八〇年代―一九〇三年を中心に」(『社会と歴史』六二、二〇〇二)。

パクヤンシン「統監政治と在韓日本人」(『歴史教育』九〇、二〇〇四)。

パクチルギュ「釜山地域日本人社会団体の構造と活動――一九一〇年代を中心に」(『歴史と経済』五六、二〇〇五)。

シンジュベック「日帝の新しい植民地支配方式と在朝日本人及び「自治」勢力の対応(一九一九―一九二二)」(『歴史と現実』三九、二〇〇一)。

ソンキュジン「日帝強占初期「殖民都市」大田の形成過程に関する研究――日本人の活動を中心に」(『アジア研究』四五巻二号、二〇〇二)。

ホンスングォン「日帝時期釜山地域日本人社会の人口と社会階層構造」(『歴史と経済』五一、二〇〇四)、「一九一〇―二〇年代「釜山協議会」の構成と地方政治――協議員の任命と選挙の実態分析を中心に」(『歴史と経済』六〇、二〇〇六)。

キムミンヨン「一九一〇年代全北地域日本人移住漁村の存在形態と構造」(『韓日民族問題研究』八、二〇〇五)などを参照。
(七) これらについてはキムインドック『植民地時代在日朝鮮人運動研究』(国学資料院、一九九六)、チョンヘギョ

ン『日帝時代在日朝鮮人民族運動研究』（国学資料院、二〇〇一）、金贊汀『朝鮮人女工の歌——一九三〇年岸和田紡績』（岩波書店、一九八〇）、金泰燁『抗日朝鮮人の証言』（不二出版、一九八四）などを参照。

（八）その中で一般的に最も広く知られている人物が柳宗悦、布施辰治、中野重治などである。在朝日本人の中の代表的な人物は浅川巧、磯谷季次、三宅鹿之助をあげることができるだろう。彼らについては、ハンソンイル『日本知識人と韓国——韓国観の原形と変形』（오름、二〇〇〇）第一部第四章、李圭洙「布施辰治の韓国認識」（『韓国近代史研究』二五、二〇〇三）、高崎宗司『朝鮮の土となった日本人——浅川巧の生涯』（草風館、一九九八）、イビョンジン「朝鮮の土となった日本人」論再考」（『日本学報』五七集二巻、二〇〇三）、磯谷季次『わが青春の朝鮮』（キムケイイル訳、四季、一九八八）、パクコンホン「日韓労働者連帯の開拓者、磯谷季次」（『労働社会』三七、一九九九）、キムギョンイル『イジェユ研究』（創作と批評社、一九九三）一〇二―一一五頁などを参照。

（九）ある研究によれば一九三〇年六月から一九三四年三月の間、在朝日本人が「朝鮮民衆の民族解放運動に組織的に参加」した事件は一八件あったという。園部裕之「在朝日本人の参加した共産主義運動」（『朝鮮史研究会論文集』二六、一九八九）二三五頁。

（一〇）「昭和六年一月一七日京高秘第一五六号、教育者ヲ中心トスル治安維持法違反事件検挙ニ関スル件」。

（一一）「新興教育研究所事件予審終結決定」（『思想月報』一巻六号、一九三一）。

（一二）「教育労働者組合事件の判決」（『思想月報』一巻九号、一九三一）。

（一三）新藤東洋男『在朝日本人教師——反植民地教育運動の記録』（白石書店、一九八一）。

（一四）上甲は朝鮮に居住し始めたころからほとんど毎日欠かさず日記を書いた（以下『日記』とする）。『日記』の分量は全部で三二巻。一九三〇年のものだけが欠けている。おそらくこの年に上甲が教育労働者組合事件で検挙されたことと関連していると思われる。『日記』には一九二〇年代朝鮮農村の現実、普通教育の実態などが記されており、当時の時代状況を理解するのに大いに役立つ。『日記』は上甲の子孫によって最近、日本の学習院大学東洋文化研究所に寄贈された。そしてこれを契機に二〇〇三年八月から、山口公一などの主導のもとに大学院生が中心になって「上甲の日記を読む会」がつくられ、上甲が残した資料の保存及び研究に対する論議が交わされている。この会には高崎宗司、板垣龍太、岡本真希子、金富子、辻広範などの研究者も参加している。吉沢佳代子「在朝日本人教師・上甲米太郎の日記と資料」(『日本植民地研究』一六、二〇〇四)六八―七〇頁。日本での状況について貴重な情報を提供してくれるのは高崎教授である。

(一五) 手紙は主に教育労働者組合事件当時警察に押収された。新藤東洋男、前掲書一六四―一八三頁参照。

(一六) 新藤東洋男、前掲書、三六―三七頁。

(一七) 新藤東洋男、前掲書、三七―三八頁。

(一八) 新藤東洋男、前掲書、四一頁。

(一九) 新藤東洋男、前掲書、三八―四一頁。

(二〇) 『日記』一九二七年一一月二九日。

(二一) 『日記』一九二七年一一月二九日。

(二二) 『日記』一九二七年一二月一一日。

(二三) 新藤東洋男、前掲書、四三頁。

(二四) 京城師範学校に関してはキムソンハック「京城師範学校学生訓育の性格」(『京畿大学教育問題研究所論文集』一五、一九九九)参照。同時に、日帝の師範教育が持っていた意味について論じているイギフン「日帝下植民地師範教育――大邱師範学校を中心に」(『歴史問題研究』九、二〇〇二)などを参照。

(二五) 新藤東洋男、前掲書、四九頁。

（二六）新藤東洋男、前掲書、四六頁。
（二七）日帝の朝鮮語学習奨励政策については山田寛人『植民地朝鮮における朝鮮語奨励政策――朝鮮語を学んだ日本人』（不二出版、二〇〇四）参照。
（二八）新藤東洋男、前掲書、四九頁。
（二九）オソンチョル『植民地初等教育の形成』（教育科学社、二〇〇〇）。
（三〇）イギフン「日帝下農村普通学校の「卒業生指導」」（『歴史問題研究』四、二〇〇〇）。
（三一）上甲米太郎、「思い出から」（『新興教育』複製版月報』二、一九六五）。
（三二）『日記』一九二五年二月一八日、新藤東洋男、前掲書、六三頁、高崎宗司、前掲書（二〇〇二）、一五四頁。
（三三）『日記』一九二五年二月一八日。
（三四）新藤東洋男、前掲書、六四頁。
（三五）参考として、一九一〇年代末現在、日本人教師に要求される高い水準の朝鮮語能力の基準は、「学生の家庭訪問、両班儒生との意思疎通、その他日常会話ができ学生たちの会話が聞き取れる」程度であった。関屋貞三郎「朝鮮人教育に就きて」（『帝国教育』四四四）五七頁。
（三六）上甲米太郎、前掲の文章。『日記』の方々に「ＳＫ」という名前で登場する女性は咸安公立普通学校時代に直接教えた生徒であった。
（三七）朝鮮・一同志、「朝鮮の一教師より」（『新興教育』三、一九三〇）。この文章は上甲が名前を伏せて投稿した。
（三八）「教育労働者組合事件の判決」（『思想月報』一巻九号、一九三一）の中の「新興教育研究所規約」。
（三九）「昭和六年一月一七日京高秘第一五六号教育者ヲ中心トスル治安維持法違反事件検挙ニ関スル件」。
（四〇）『日記』一九二七年一〇月一一日。

（四一）　賀川はキリスト教信者として自分が信じていたキリスト教を現実問題解決に結合させ日本の農民運動、消費組合運動、平和運動の先駆者として活動した人物であった。一九二〇年代には、労働農民党幹部を務め、日本の敗戦後には日本社会党の結成に関与するなど、キリスト教信者としてはきわめて進歩的な政治活動を展開した。特に一九二〇年に出版した自伝小説『死線を越えて』（改造社）は、当時若者たちに大きな影響を与えたことが知られている。現実社会に対するキリスト教信者の関与を強力に主張する著書としては、賀川豊彦『精神運動と社会運動』（福永書店、一九一九）、『労働者崇拝論』（福永書店、一九一九）、『生存競争の哲学』（改造社、一九二二）、『イエスと人類愛の内容』（警醒社、一九二三）、『神による解放』（警醒社、一九二六）などを参照。そして、賀川の思想及び活動についてまとめたものには、黒田四郎『私の賀川豊彦研究』（大邱大学賀川豊彦研究会編、大邱大学出版部、一九八五）、隅谷三喜男『賀川豊彦』（岩波書店、一九九五）などを参照。

（四二）　上甲自ら、後に『死線を越えて』に感激したと書いている。

（四三）　「新興教育研究所事件予審終結決定」（『思想月報』一巻六号、一九三一）、「教育労働者組合事件の判決」（『思想月報』一巻九号、一九三一）。

（四四）　日本でマルクス全集の第一冊として『資本論第一巻第一冊』の翻訳本が出版されたのは一九二〇年であった。カール・マルクス『資本論　第一巻第一冊』（高畠素之訳、大鐙閣、一九二〇）。

（四五）　『日記』一九二七年一一月一五日。

（四六）　「昭和六年一月一七日京高秘第一五六号教育者ヲ中心トスル治安維持法違反事件検挙ニ関スル件」。

（四七）　例えば、一九三〇年一一月二七日趙判出に宛てた手紙にこのような表現が登場する。新藤東洋男、前掲書、一七四頁。

（四八）　新興教育研究所の教育運動については岡本洋三『教育労働運動史論』（新樹出版、一九七四）、山口近治『治安維持法下の教育運動』(新樹出版、一九七七)、池田種生『プロレタリア教育の足跡』(新樹出版、一九七二)などを参照。

(四九)「教育労働者組合事件の判決」(『思想月報』一巻九号、一九三一)の中の「新興教育研究所創立宣言」。

(五〇)例えば一九三〇年趙判出に宛てた手紙にこのような関心がよく現われている。新藤東洋男、前掲書、一三七頁。

(五一)朝鮮・一同志、前掲書。

(五二)「昭和六年一月一七日京高秘第一五六号教育者ヲ中心トスル治安維持法違反事件検挙ニ関スル件」。

(五三)この頃朝鮮人社会主義者たちの情勢認識についてはイムギョンソック「世界大恐慌期民族主義・社会主義情勢認識」(『歴史と現実』一一、一九九四)参照。

(五四)「教育労働者組合事件の判決」(『思想月報』一巻九号、一九三一)。

(五五)光州学生運動の展開過程及び意味については李俊植「世界大恐慌期民族解放運動研究の意味と課題」(『歴史と現実』一一、一九九四)、李俊植「光州学生運動の展開過程と歴史的性格」(韓国歴史研究会近現代青年運動史研究版『韓国近現代青年運動史』プルピ草色、一九九五)、韓国歴史研究会・全南史学会著『光州学生運動研究』(アジア文化社、二〇〇〇)など参照。

(五六)今井信雄『この道を往く』(講談社、一九八八)、村松武司・任展慧編『荒井徹の全仕事』(荒井徹著作刊行委員会、一九八三)。

(五七)これは少年期を植民地朝鮮で過ごしたことがあり、後に東京都立大学の歴史学教授を務めた旗田巍の回顧にもとづく。梶村秀樹『植民地支配者の朝鮮観』二五二頁。

(五八)梶村秀樹『植民地朝鮮での日本人』二三九—二四〇頁。

(五九)新藤東洋男、前掲書はこのような観点から書かれた評伝である。

在朝日本人の日常生活——上甲米太郎日記を読む

辻弘範

はじめに

皆さん、おはようございます。札幌の北海学園大学から参りました辻と申します。まずは、今回このような貴重な発表の機会を与えてくださいました、九州大学韓国研究センターの稲葉継雄センター長をはじめ、関係者の皆様にお礼申し上げたいと思います。

今回の研究集会は、「植民地朝鮮で蒐集された『知』の歴程——朝鮮総督府・京城帝国大学関係者の個人アーカイヴからの視線」というメインテーマで、個人アーカイヴに焦点を当てる、ということを目的とされているわけですが、私は二〇〇二年から五年間、東京の学習院大学にある東洋文化研究所で助手として働いておりまして、そこに収められている「友邦《ゆうほう》文庫」という資料コレクションの管理を主に担当しておりました。この「友邦文庫」という資料群も元はといえば、戦後に友邦協会という団体がかつての朝鮮総督府関係者たちに呼びかけて、彼らが朝鮮から個人的に日本に持ち帰って所有していた資料、つまりここでいう個人アーカイヴを一か所に集めてかたち作られたものであります。現状ではまだ、朝鮮総督府が朝鮮を統治するにあたって作成された膨大な文書類が体系的に整理・保存されておりませんので、こうした関係者個人の活動によって蓄積されてきた資料を通じて、すなわち関係者個人の視線を通して周囲を眺めるような感じで、総督府の統治システムを解明してゆかなければならないわけです。ですので、あえて個人アーカイヴズに着目するという、今回の研究集会の試みは、いま植民地期の朝鮮を研究する人たちが共通して抱えているこうした問題に、積極的に取り組もうという狙いがあるものと、今回発表をさせていただくにあたって、私なりに理解しております。

上甲米太郎日記との出会い

今回、私がご紹介いたしますのは、上甲米太郎《じょうこうよねたろう》という人の日記なのですが、彼は一九二〇年代に植民地期の朝鮮で公立普通学校——これは朝鮮人子弟向けの初等教育機関のことですが——そこの教員や校長などを、二十代の頃に八年間務めた人物です。彼は明治三五年(一九〇二)に生まれて昭和六二年(一九八七)に亡くなっております。私は、彼のご子息にあたる伊利一《いりいち》さんとは、この日記が縁となって何度かお会いしたことがありますが、残念ながらおととし二〇〇六年の二月末に、ご病気でお亡くなりになりました。

ところで、私が上甲米太郎日記に出会ったきっかけは、実は私個人の努力によるものではないということを、ここであらかじめお断りしておきたいと思います。私がかつて所属していました一橋大学の大学院のゼミの後輩に吉沢佳世子さんという方がおりまして、いまは新潟のほうにお住まいなのですが、彼女が二〇〇〇年に朝日新聞の「声」欄に載った、伊利一さんの「朝鮮を愛して生き抜いた父」という投稿を見つけるや、伊利一さんご本人に直接連絡をとってみたというのがそもそもの始まりでございます。彼女のこういう行動力には、いつも頭の下がる思いがいたします。その後、二〇〇三年の六月だったと思いますが、一橋大学の院生と留学生の研究グループが中心になりまして、朝鮮で教鞭を執られた経験のある方を国立《くにたち》に招いてワークショップを行なったときに、吉沢さんが伊利一さんに招待状を送ったそうなのですが、かわりに米太郎氏のご令嬢で伊利一さんの妹にあたる上甲まち子さんが会場にお越しになっていました。それが終わった後に、懇親会の席で米太郎日記の話が出てきたときに、「じゃあ、関心のある人たちで集まってその日記を読んで、その成果を本にでもまとめてみよう」という計画が持ち上がって、そこからトントン拍子で話が進んでいったことを覚えています。このあたりの経緯については、吉沢さんご本人も『日本植民地史研究』という雑誌の第一六号、これは二〇〇四年に出たものですが、これの「資料紹介」欄で書いておりますので、そちらをご参照ください。

そして、二〇〇三年の八月に、私がかつて所属していた一橋大学のゼミの院生仲間ですとか、それに津田塾大学の山田昭次先生と彼のゼミ生も何人かいらっしゃったと思いますが、合計一五人くらいのグループで、伊利一さんがお住まいだった東京・町田の成瀬駅に出向きました。そして、ご自宅近くの施設の会議室を借りまして、伊利一さんから直接米太郎氏に関するお話をうかがったり、日記の原本や当時の写真などを見せていただいたりしましたが、数もかなり膨大でしたし、八〇年ほど経過していて日記の本体や写真もかなり劣化していましたので、資料の取扱いなどについてしばらく相談した結果、日記本体については、当時私が勤めていた学習院大学の東洋文化研究所でいったん預かって、保存用の封筒や保存箱などで保護する措置をしようということになりました。また写真についても、学習院大学で一時期お預かりしていたのですが、伊利一さんのほうで執筆活動その他のために必要だということで、のちにお返しいたしました。この間に、日記本文の記述に直接かかわる写真については、ごく一部ですがスキャナによる電子データ化も行ないました。

その後、二〇〇三年の一〇月ごろだったと思いますが、私と吉沢さんのふたりで資料保存用の箱や封筒などを抱えて、伊利一さんのご自宅に向かいました。そして、日記原本をひとつひとつ薄手和紙に包んで保存用の中性紙封筒に入れる作業を終えて、それらをさらに保存箱に詰めて、電車で学習院大学まで運びました。その後、主に学習院大学の東洋文化研究所を会場として、院生や若手研究者などが一〇名ほど集まって「上甲日記を読む会」というグループを立ち上げて、不定期の輪読会をすることにしました。全体で三十数冊はある日記のうち一冊ずつを各参加者がそれぞれ分担し、読み進めて活字化した後に輪読会を開いて、各分担者が読んだ日記の記述内容で注目すべき点や感想などについて発表し、それについて議論をするという形式をとりました。ただし実際に始めてみて気づいたことなのですが、参加者のほとんどが大学院生や大学教員でしたので日程調整に手間取ってしまい、一定の間隔で輪読会を開くことは大変困難でした。それでも、いま私の手許にある当時の資料を見てみますと、二〇〇四年までの一年半ほどの間で一〇回ほど開いていたことが確認できます。しかしその後、参加者が次々と東京以外の地方へと転任してゆき、伊利一さんから日記を預かってきた私と吉沢さんも、いまでは東京から遠く離れてしまったため、実際に活動することができない状態がここ二年ほど続いております。せっかくこうした貴重な資料を預かっておきながら、しっかり読み込むことができず大変申し訳ない気持ちでいっぱいなのですが、今後、あらためて仲間を募って研究プロジェクトを立ち上げて、運が良ければどこかから外部資金を獲得して、この間のブランクを一気に埋めたいと考えております。私自身が今後いい逃れできないように、この場を借りて決意表明をさせていただきたいと思います。

上甲米太郎について

次に、この日記を書いた本人である上甲米太郎の経歴などについて見てみたいと思います。ここでは煩雑さを避けるために、彼のことを「米太郎」と敬称略で呼ばせていただきます。彼の経歴につきましては、いくつかの図書や論文がすでに言及されていますので、すでにご存じの方もおられるかと思いますが、資料として簡単な文献リストをつけておきました（章末）。

上甲米太郎は一九〇二（明治三五）年の四月一六日に、現在の愛媛県八幡浜《やわたはま》市の比較的豊かな地主農家の家に、九人きょうだいの長男として生まれました。ですが、父親が品種改良や養蚕といった実験的な農業経営に乗り出したのが裏目に出て、破産してしまいます。そこで彼の両親は、朝鮮銀行に勤めていた弟を頼って一九一二年頃に両親だけで朝鮮に渡ります。そして、慶尚南道《キョンサンナムド》内の郵便局長として勤めることになったのですが、その間米太郎は、立憲改進党の国会議員になった経歴のある人物を父に持つ、母親の実家に預けられておりまして、地元の大洲中学校に通っていました。この祖父にあたる人物の思想的な影響から、母方の親族にクリスチャンが多かったそうですが、その関係で一九一七年の六月一六日に彼もキリスト教の洗礼を受けています。その後、一九二〇年に中学校を卒業すると両親のいる朝鮮に渡って、四月に京城《けいじょう》高等普通学校附設の臨時教員養成所に入学しました（京城は現在のソウル）。

この臨時教員養成所というのは、朝鮮に最も早くから置かれた教員養成機関でありまして、入学資格は「中学校ヲ卒業シタル者又ハ年齢十七年以上ニシテ之ト同等以上ノ学力ヲ有スル者」とされていまして、修業年限は一年でしたが、ここを修了した朝鮮人と日本人の学生が、普通学校の教員として朝鮮各地に赴任していくことになっていました。ただし、この養成所には夏休みがなかったといわれておりまして、丸々一年間を費やして、各教科についての講義や朝鮮語の授業を受けることになっていたようです。

米太郎が日記を書き始めるのは、この養成所を卒業した翌年の一九二二年の夏のことですが、その最初の日記は、この養成所にいた当時に使用していたと思われるノートの後半部——おそらく使い残していたのでしょうが——そこを使って書かれています。【図1】は、そのノートの表紙なのですが、この黒くスミ塗りされた部分には「教育」という教科名と、下に先生の名前でしょうか、「山口」という文字がうっすら見えているのがわかるかと思います。この左上に「n・1」と書かれていて、上段には日付が書かれているのがわかりますが、これはおそらく、その後に米太郎がこのノートを日記として使い始めた後に、これがその最初にあたるものだとわか

【1】

るように書いたんだろうと思います。そして、このノートの冒頭には、彼が実際に受講していた当時のものと思われる時間割表が書かれています。【図2】が、その時間割表が書かれているページです。これを見ると、月曜日から金曜日までは一日六時間、土曜は四時間という時間割のなかに、毎日必ず一コマは「朝鮮語」の授業があったことがわかります。さらに、火曜・水曜・金曜には朝鮮語だけで二時間あるほか、午後には「朝鮮事情」という授業が二時間ぶっ続けで開講されています。つまり、朝鮮語だけで週に九時間もあったわけですので、これは大変ハードだったろうと思います。いぜん私は、東京外国語大学の朝鮮語学科というところに通っていたのですが——いまでは「東アジア課程朝鮮語専攻」という名前になっていますが——そうした語学を専攻するところですら、一年次の朝鮮語の語学科目は週六コマ、朝鮮地域事情という科目が週一コマでしたので、それ以上の濃密なスケジュールで米太郎は朝鮮語を勉強したことになります。こういった、朝鮮に渡った日本「内地人」の朝鮮語学習や彼らの語学力などについては、山田寛人《やまだかんと》さんの『植民地朝鮮における朝鮮語奨励政策——朝鮮語を学んだ日本人』（不二出版、二〇〇四年）という本に詳しいですので、そちらをご覧いただけたらと思います。ちなみに、米太郎は戦後しばらくの間、大牟田《おおむた》市内の在日朝鮮人が多く暮ら

【2】

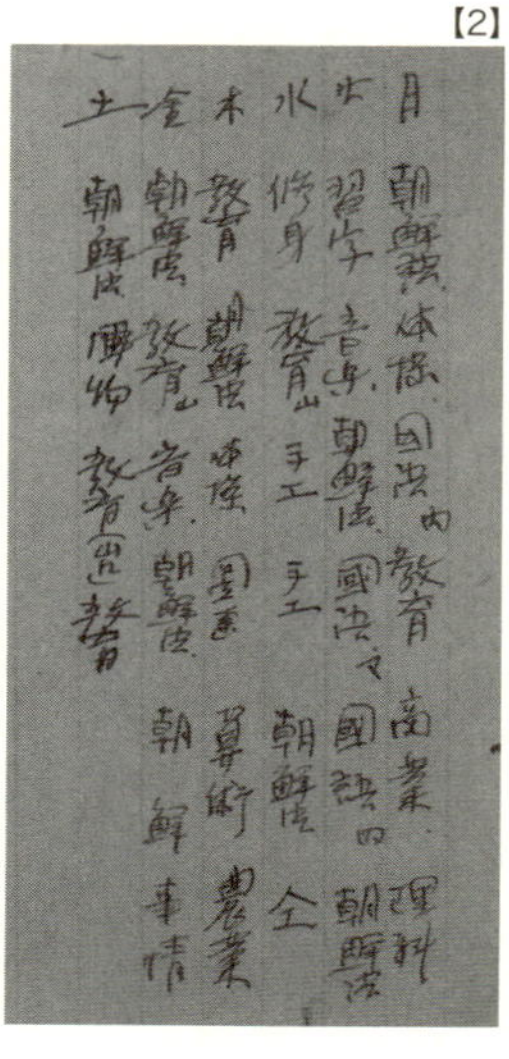

す地区に住んでいたのですが、その当時にみずからの語学力について「日本人が考えるほど上手ではないが、朝鮮人が考えるほど下手ではない」と評しています。

米太郎は、一九二一年の三月に養成所を修了しますが、その後すぐに一年間の兵役に服します。【図3】の写真は米太郎が兵役に就いていた頃の写真ですが、最前列の一番左のメガネをかけているのが米太郎ですね。これから何枚かお見せする写真はすべて、かつて米太郎が持っていたものですが、学習院大学で伊利一さんから一時お借りしていたときにスキャニングしたものです。兵役を終えたのち、翌一九二二年の四月に、米太郎は慶尚南道の咸安《ハマン》郡にある咸安公立普通学校に赴任しました。このとき、弱冠ハタチです。この学校は六年制の普通学校で、彼は五年生のクラスの担任となっていましたが、この年の七月から彼は日記を書き始めることになりまして、そしてこの日記を通じて、

【3】

このクラスの教え子だった学生と卒業後も連絡をとり続けていたことがわかります。さらには、そのなかのひとり、金再用《キムジェヨン》という女子生徒に対して、恋心を抱くことになるわけです。ただ、彼女は入学したときの年齢が高く、卒業したときには一九歳でしたので、このときの米太郎とは数歳しか離れていません。【図4】は、咸安公立普通学校の前で撮られた写真ですが、大正一三年、一九二四年の三月と書いてありますので、これは米太郎が担当していた五年生が次の年度に卒業するときに撮られた記念写真のようです。【図5】の写真には、上に「咸安学友会」、下に「第一回紀念」とあって、真んなかに「晋州へ」と書いてあるのですが、これは先ほど見た卒業生のうち、晋州《チンジュ》にある上級学校に進学した生徒たちの同窓会なのでしょうね。この右端に立っている女性が、米太郎が恋心を抱いていた金再用です。この当時彼女は晋州の女子師範学校に通っています。その後、米太郎は一九二四年四月から五か月間、京城に駐屯する陸軍第二〇師団第七八連隊に見習士官として入営して、秋には予備少尉に任官、正八位に叙せられています。その後彼は教職に戻りまして、九月からは慶尚南道陜川《ハプチョン》郡の冶炉《ヤロ》公立普通学校に訓導兼校長として赴任し、その三年後、一九二七年の四月には泗川《サチョン》郡の昆明《コンミョン》公立普通学校に校長として赴任しています。【図6】は、昆明の公立普通学校です。昭和五年と書いてありますから、これが校長として撮った最後の記念写真となります。この頃になると、先ほどのかつての教え子だった金再用が女子師範学校を卒業して教員になっておりまして、かなり深い恋愛関係になったことが日記からもうかがえるのですが、結局ふたりは結婚することなく、一九二八年には米

【4】

【5】

【6】

【7】

太郎が在朝日本人の藤原文子と結婚しますが、その翌年には離婚してしまいます。
　そしてこの校長として勤務していた時期に、米太郎はキリスト教社会運動家として活動していた賀川豊彦の著作や論文などの影響を受けて、朝鮮の民族問題や労働運動などにも関心を持つようになったといわれています。そして一九三〇年には、この年の九月に新興教育研究所が創刊した『新興教育』に投稿したり、この雑誌を知り合いに配布したり、元教え子に読書会の企画を持ちかけたりしていますが、『新興教育』第二号と第三号には、彼が投稿した文章が掲載されています。【図7】が、雑誌『新興教育』の創刊号の表紙ですが、第三号に掲載された「朝鮮の一教員より」と題するこの文章で、彼はこのように書いています。【図8】は、『新興教育』第三号に掲載された文章の冒頭部分です。名前は匿名になっています。「プチブルの生活をしてゐる彼等（ここで「彼等」というのは内地人の校長のことですが）、日

【8】

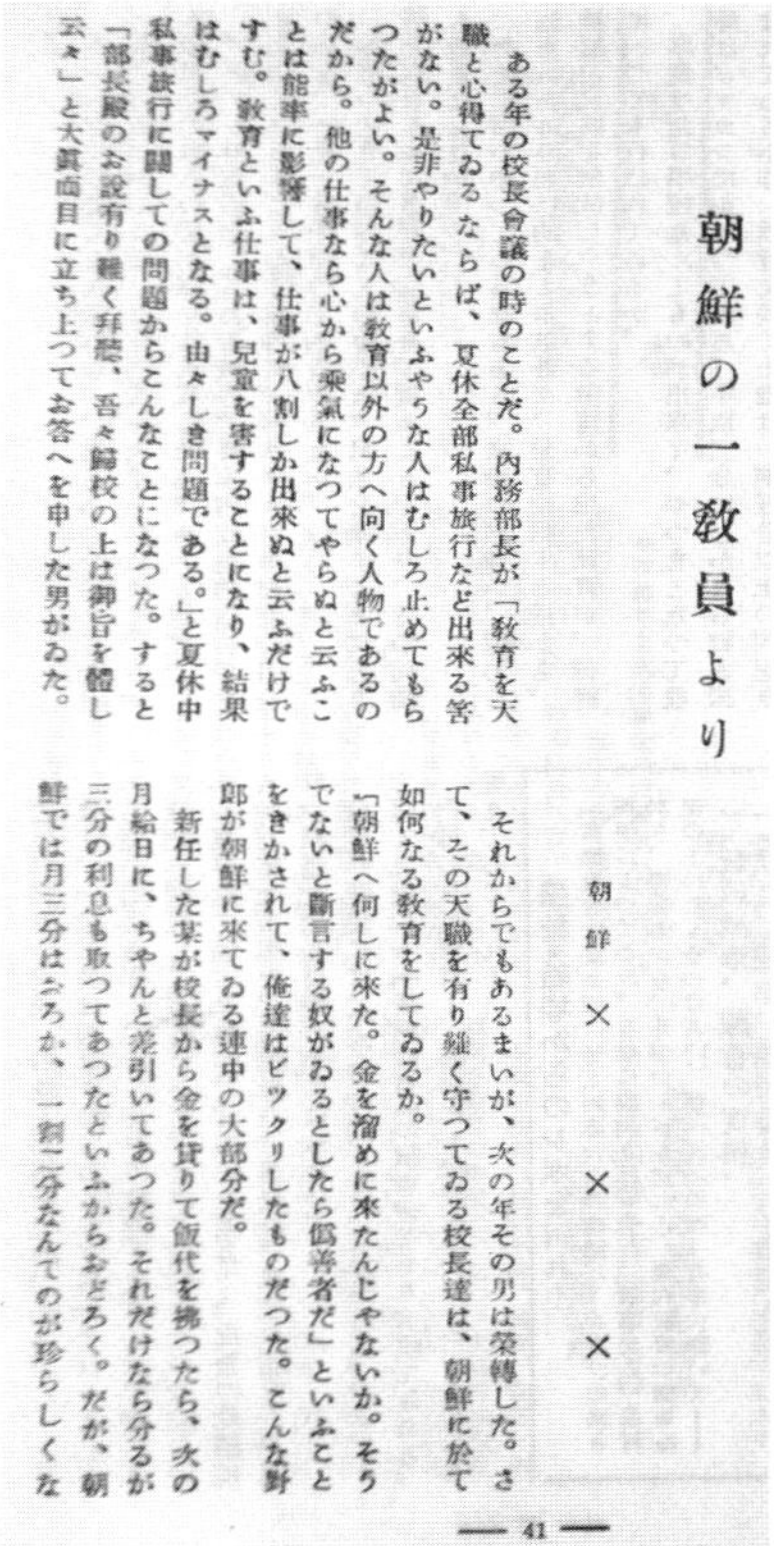
朝鮮の一教員より

朝鮮　×××

　ある年の校長會議の時のことだ。内務部長が「教育を天職と心得てゐるならば、夏休全部私事旅行など出來る筈がない。是非やりたいといふやうな人はむしろ止めてもらつたがよい。そんな人は教育以外の方へ向く人物であるのだから。他の仕事なら心から乘氣になつてやらぬと云ふことは能率に影響して、仕事が八割しか出來ぬと云ふだけですむ。教育といふ仕事は、兒童を害することになり、結果はむしろマイナスとなる。由々しき問題である。」と夏休中私事旅行に關しての問題からこんなことになつた。すると「部長殿のお說有り難く拜聽、吾々歸校の上は御旨を體し云々」と大眞面目に立ち上つてお答へを申した男がゐた。

　それからでもあるまいが、次の年その男は榮轉した。さて、その天職を有り難く守つてゐる校長達は、朝鮮に於て如何なる教育をしてゐるか。

「朝鮮へ何しに來た。金を溜めに來たんじやないか。そうでないと斷言する奴がゐるとしたら僞善者だ」といふことをきかされて、俺達はビツクリしたものだつた。こんな野郎が朝鮮に來てゐる連中の大部分だ。

　新任した某が校長から金を貸りて飯代を拂つたら、次の月給日に、ちやんと差引いてあつた。それだけなら分るが三分の利息も取つてあつたといふからおどろく。だが、朝鮮では月三分はおろか、一割二分なんてのが珍らしくな

— 41 —

本帝国主義者の手先を以て自ら信じてゐる彼等に、ペスタロッチの愛の百分の一も、いや一分子だってありやしない。――さて、一般教員は何をやってゐるか。田舎まはりをしてゐる俺の過去八年に、身に沁みて痛感したことは、実によく欺瞞が徹底してゐることだ。だが、彼等をその欺瞞の夢から振ひ起す強大な力が、日に日に追ふて、田舎の片隅にも押し寄せて来た。労働者の、農民の、学生の闘争！　朝鮮の教員大衆も目覚めずにはゐないぞ！」と。このように、「外地」での金儲けにしか興味のない「日本帝国主義者の手先」である内地人校長を批判するとともに、教員たちに対して社会主義闘争を呼びかける文章になっています。

こうした彼の活動はすぐに当局の目にとまりまして、米太郎は一九三〇年一二月に治安維持法違反に問われて、かつての咸安時代の教え子で当時京城師範学校に通っていた趙判出《チョパンチュル》とともに逮捕されて、西大門《ソデムン》刑務所に勾留されてしまいました。その後二年間、三審にわたる裁判の結果、米太郎は懲役二年執行猶予五年の判決を受けて出獄しましたが、これ以降、彼は教職に就くことはありませんでした。その後は、釜山《プサン》の東莱《トンネ》近郊の河川工事現場で土工の賃金支払い帳場係として三年間勤めており、その後は保険外交員などとして三年間働いています。一九三八年から三年ほどは京城日報社晋州支局記者を務めていましたが、一九四一年に北海道・釧路の太平洋炭鉱で朝鮮人人夫係を務めることになり、朝鮮を離れることになります。なお、この転職にあたっては、特別高等警察の彼の担当官で、兄の友人という人が太平洋炭鉱の人事課にいて、そこを通じてなされたといわれています。

その後は朝鮮人労働者たちとともに福岡・大牟田の三井三池炭鉱に配置転換されますが、一九四九年に解雇されてしまいます。しかし、それ以降は大牟田市内の在日朝鮮人が多く暮らす地区に暮らしながら紙芝居屋を営むいっぽうで、朝鮮語を駆使して在日朝鮮人たちの相談相手になったり、「大牟田子どもを守る会」を結成したりするなど、市民活動家として活躍していたといわれます。【図9】は、米太郎が一九六二年、昭和三七年に還暦を迎えたときの祝賀会の模様です。後ろに「日本共産党四〇周年万歳！」という垂れ幕がかかっていますが、彼は一九四六年に日本共産党に入党していますので、この祝賀会も地元の共産党組織で主催したものだろうと思います。その後、一九六六年に上京しましたが、この

【9】

ときには美濃部《みのべ》都政の二期目の選挙運動にかかわったり――伊利一氏による略歴によりますと、選挙運動中に戸別訪問で検挙されたと書いてありますが――あるいは朝鮮語の講師を務めたり、町の自治会や老人クラブ、交通安全運動などに活躍したのち、最初にお話ししたように一九八七年に八四歳で亡くなっています。

上甲米太郎に対する評価

こうした彼の生涯については、すでにいくつかの著作で詳しく触れられています。私が知っている範囲内でもっとも詳細に触れられているのは、新藤東洋男《しんどうとよお》さんという大牟田在住の方がお書きになった『在朝日本人教師――反植民地教育運動の記録』(白石書店、一九八一年)という本です。先ほど見た米太郎の生涯や、朝鮮での教員生活について、その時期に書かれた日記資料をもとに非常に詳しく書かれていますが、特に一九三〇年に彼が治安維持法違反で逮捕された事件は「朝鮮労働者組合準備会事件」と呼ばれていまして、裁判の際に作成された予審調書などを使って、当時の米太郎らの動きを詳細に追っております。ちなみに、この予審調書の原本と思われる資料の綴《つづ》りも、上甲日記の原本とともにご子息の伊利一氏より以前お預かりしておりまして、いまは学習院大学の東洋文化研究所に保管されております。この事件は、彼の教え子だった趙判出に雑誌『新興教育』の購読を奨めたり、彼を通じて京城師範の学生たちに読書会の結成を促したりしたことから端を発しておりますが、朝鮮内で彼に購読を勧められた日本人・朝鮮人だけでなく、東京で『新興教育』を編集していた新興教育研究所の関係者が逮捕されるなど、大きな事件へと発展していきました。この事件の裁判では、当時弁護士として有名だった布施辰治も携わっておりましたが、そうしたなかで米太郎はいちばん最後まで、丸二年間を未決囚として獄中で過ごすことになってしまったわけです。

この事件の詳細につきましてお知りになりたい方は、この本をあとでお読みいただきたいと思いますが、こうした彼の「闘い」といいますか、植民地支配下に置かれた朝鮮の片田舎の教育現場で、民族矛盾と階級矛盾に苦悶しながらも、みずからの信念にもとづいてなされたこうした行動は、結局は彼自身の教員人生を終わらせてしまう結果を招いてしまったのですが、その信念が純粋であったぶん、後世の人びとに対して少なからぬ影響を与えたようです。新藤さんの著作もそうですが、たとえば、いわゆる「内在的発展論」を提唱した梶村秀樹も、『排外主義克服のための朝鮮史』（青年アジア研究会、一九九〇年）という講演録のなかで、米太郎のこうした活動について触れておりまして、彼を帝国主義イデオロギーの壁を突き破って朝鮮人と連帯するために試行錯誤した人物の一例としてあげています。しかし、それは「あくまでも例外であっ」て、日本の労働者階級が朝鮮人民との連帯を組織的に追究しようとはしなかったのだと、こういう文脈で語られています。もちろん梶村秀樹は、それだけ帝国主義イデオロギーの壁が厚かったことを説明しようとしているのですが、そうしたなかで必死に壁の外に抜け出ようとした米太郎の存在は、当時もいまも注目に値することは間違いないでしょう。

こうした評価が彼に与えられるのは至極当然であると私は思いますが、では、彼個人の人生といいますか、具体的には朝鮮で教員や校長として過ごした二十代のすべてが、こうした「闘い」に費やされていたのかといえば、必ずしもそうではありません。後で日記を詳しく見ていくときにもお話ししたしますが、彼は日常の生活で体験したことやそこで思ったこと、あるいは普段思い悩んでいることなどを包み隠さずにすべて日記に書きしるすことをモットーとしておりました。ですので、日記を読み進めていくと、日本帝国主義と「闘う」米太郎ではない、普段の、二十代の青年・米太郎の姿をそこには見出すことができるのです。もちろん、こうした見方は新藤氏や梶村氏の評価を批判するものでは決してありませんで、むしろ、日々の日常の暮らしのなかで彼が体験し、思い悩んだ過程こそが、のちの「闘い」を生み出す原動力となったと私は思いますし、この研究集会のタイトルにもある「知の「歴程」」そのものであると考えますので、ここではあえてそれを強調しているにすぎません。もっとも、いまここで私が申し上げている「日常」というのは、最近話題になっている「植民地近代的な「日常」」でありますので、こうした「日常」のあり方自体も、ここでは議論の対象になるかと思います。

上甲米太郎日記を読む（一）日記の状態など

日記の中身に入る前に、まずは日記本体の状態や保存状況などについてご紹介したいと思います。いちおうこの場は史料関連の研究集会ですので、中身と同様に保存状態などもご覧いただこうかと思っています。

先ほどお話ししましたとおり、上甲日記の原本は現在、学習院大学東洋文化研究所の第二書庫に保管されておりますが、この場所はもともと「友邦文庫」を収めている専用の書庫ですので、その部屋に入ってすぐの所にあった書棚の空きスペースに、間借りするかたちで置かせてもらっています。下段の右側に日記の原本、その左側に日記をコピーしたものを収めて、マスターコピーとして利用しています。上段の箱には、伊利一さんから日記原本をお預かりした際にいっしょにお預かりした資料などが入っています。この他に、まだ未整理なのですが、伊利一さんが保管されていたノートやスクラップブックなどが手提げカバンひとつぶんございます。

日記は全部で三〇冊ほどあるのですが、実は米太郎が書いた日記の正確な冊数はわかっておりません。これにはふたつ理由がありまして、まず第一は、米太郎が一九三〇年一二月に逮捕されたときに日記も押収されているのですが、釈放された後にも、一九三〇年頃に書いた日記が彼のところに戻ってこなかったという経緯があるようです。そして第二は、伊利一さんが日記を日光にさらして虫干しをしていたところ、強い風が吹いて一部が飛ばされてなくなったり冊子の綴《と》じ糸がほどけてバラバラになったりしてしまったため、原状への復元が不可能になっているものが数冊ほどあります。これらも日記の中身を全部読み込めば、書かれている内容の前後関係くらいはわかるのではないかと思います。

ここには関連資料やスクラップブック、それに先ほどご覧いただいた雑誌『新興教育』の一部もあります。日記の原本は、中性紙封筒に収めて保存しています。今回のように写真撮影をするときを除いては、普段これを開いて出すことはありません。そのなかに日記原本を収めるときには京都の業者から購入している薄手和紙にくるんでいますが、その薄手和紙には、劣化してこぼれ落ちた洋紙の破片なども捨てずにいっしょに収めたりもしています。【図10】は、先ほどお話しした予審調書

【10】

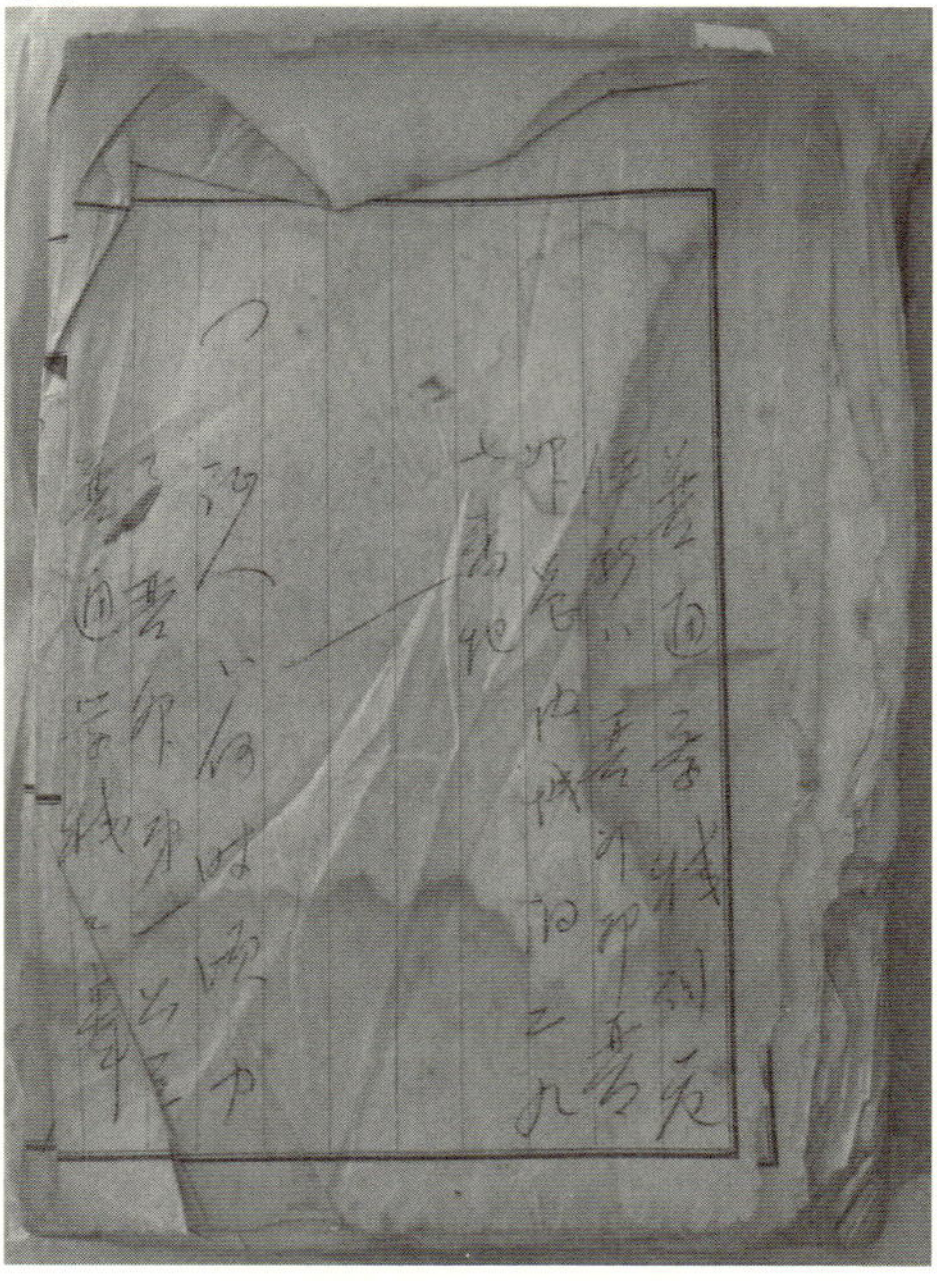

綴の冒頭のページになります。保存状態はあまりよくありませんが、質のよい罫紙を使っていますので劣化はそれほど進んでおらず、いまでもめくって読むことができます。

次に、上甲米太郎日記の全体像を見てみたいと思います。先ほどお話ししました「上甲米太郎日記を読む会」を立ち上げたときのメンバーである青木敦子さんが、以前この日記について調べておりまして、その成果は、学習院大学東洋文化研究所の紀要『東洋文化研究』第八号に発表されています。それによりますと、本文が完全な状態で保存されている日記は二五冊、本文がバラバラになっていて一部のみ確認されるものが七冊、表紙のみが残っているものが三冊となっております。破損した経緯につきましては先ほどお話ししましたが、全体像の把握は非常に難しいのが現状です。これらの日記はすべて、先ほどご覧いただいた第一冊目と同じ判型のA５ノートに書かれたものですが、それぞれの日記の表紙にはタイトルがつけられ、肩には号数がふられるという体裁をとっています。また、日記の書き方ですが、ヨコ罫線のノートをヨコにして縦書きにしているものがほとんどですが、一部には横書きで書かれたものもあります。

上甲日記を読む（二）本文を読む

そして、いよいよ本題に入りたいと思いますが、そもそも彼が日記を書くきっかけは何であったの

かをまずは見てみたいと思います。【図11】

は、先ほど表紙をご覧いただいたノートの途中——具体的には三一ページ目になりますが、そのページの右隅にこのような文章が書き込んであります。「自分の心の内を手紙に出しただけではあとにのこらない。日記をつけて見たくなったので書く。何とか自分の心をまとめて見たいために」とありますね。実はこの日記を書き始める直前まで、このノートを使って手紙の下書きをやっていた形跡があるのですが、それだけでは自分の心がわからないと感じたのでしょうか。ここから始まる米太郎の日記は、その場で思い出したことや思いついたこと、悩んでいることなどを、とにかくそのまま筆写するというスタイルで一貫しています。しかも、日によって書く分量に

【11】

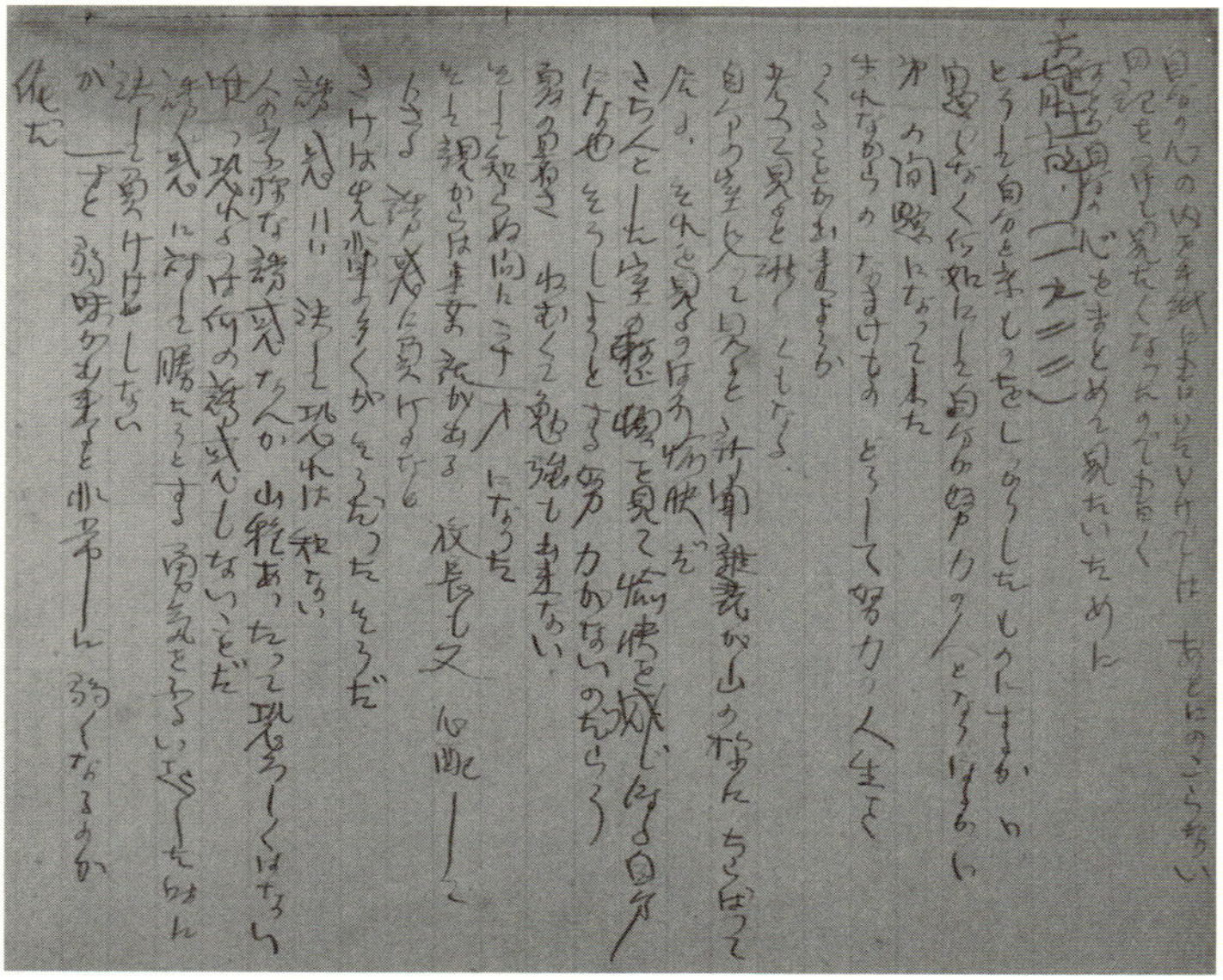

バラツキがありまして、多いときには数日でノート一冊ぶんを書き尽してしまうこともありました。この初日は一〇ページにわたってつらつらと書き連ねています。ふつう日記といえば、あとで他人に読まれたら困るようなことは書かなかったり、ある程度推敲して残したりするものですが、米太郎のまっすぐな性格はそうしたことすら許さなかったのでしょうか。そのため、文字も書きなぐったような感じになっていますので、はじめのうちは非常に読みにくかったです。「読む会」の参加者もまずはこの文字の「解読」に苦労したものです。ただ、文章そのものはかなり平易ですので、ある程度読み込んでいくと、米太郎の文字の「癖」がわかってくるようになって、読むペースも飛躍的に上がります。

ところで、現在活動停止中の「上甲日記を読む会」では、この第一冊と、四冊、九冊、一〇冊、二七冊、二九冊、三四冊について文字入力と講読を終えています。その講読会で、各分担者が文字を「解読」して文字入力したものの一部がここにあります。ただ、私が講読会に参加できなくて、そのとき入手できなかった二九冊と三四冊の原稿がいま手元にございませんので、この発表に備えて事前に読むことのできた日記の冊数はこれより若干少なくなります。したがって、まだ私も含めて「読む会」の全員が三〇冊以上にのぼる日記のすべてに目を通してはいないのですが、米太郎が日記を書き続けた八年間のうち、第一冊と第四冊ではその最初の年、咸安公立普通学校時代の米太郎について知ることができますし、第九冊と第一〇冊は「兵隊さん」と副題がついているように、半年間の見習士官期間中のことについて知ることができます。さらに第二七冊は治炉公立普通学校時代の日記ですが、これはちょうど元教え子の金再用と恋愛関係にあった時期のものです。そして第三四冊は昆明公立普通学校時代のものというように、ある程度は米太郎の活動時期を念頭に置きながら読み進んでいました。もちろん、これで米太郎の歩んできた「歴程」がすべて明らかにできるわけではありませんが、少しずつ教育者として、人間として成熟してゆく姿の一端を窺《うかが》うことはできるだろうと思います。

⑴咸安公立普通学校時代の米太郎（第一冊・第四冊）

まずは、米太郎がまだ教職に就いたばかりの頃の日記を見てみたいと思いますが、このときの米太郎は、実際に教育現場に入って朝鮮人子弟を教育するという行為を続けるかたわらで、はたしてそれが自分に合った仕事なのか、そもそも働くこととは何か、と考えつづけていた様子がうかがえます。初日の日記の最後の部分、【図12】で彼はこう書いています。「生れ出たからに何かなすべき仕事がある筈だ――勝手な考へか知らないが、教育者、朝鮮の教育として自分の任務を見出したつもりで居る――ちょうど賀川氏の貧民窟の様に。そう考へて見ても俺に賀川氏の努力は出来ない――以前は教育にあこがれて一生教育家として朝鮮の土になるのだとの希望をもっていた。けれども土になることが何だ。それで安心して居る――一体朝鮮の土になることがどんなにえらいのだい。死ねばなるにきまってる。内地に帰って御前に何が出来るのだ。そんなことで安心して居て何になる」（一冊三三ページ）

と、自分がかつて抱いていた「朝鮮に骨を埋める覚悟で」教育者として生きるという希望に対して、みずから疑問をなげかけています。もっとも、朝鮮を「貧民窟《くつ》」に喩えているあたりに、当時の彼の朝鮮観が透けて見えるのですけれども。

八月のある日、ある教員が別の教員から「君は何をしにきたのか。金をためにきたのだろうか」といわれて悲観したという話を聞いて、彼はこう思います。

「金を一万ためたから帰るとか、どれだけ出来れば帰ると云うのが彼等の理想なのだ。朝鮮の土になるつもりでいるものがあろうか。金ためても帰らぬものもある。彼等は金ために夢中になって帰ることを忘れているにすぎないのだ。こしか

【12】

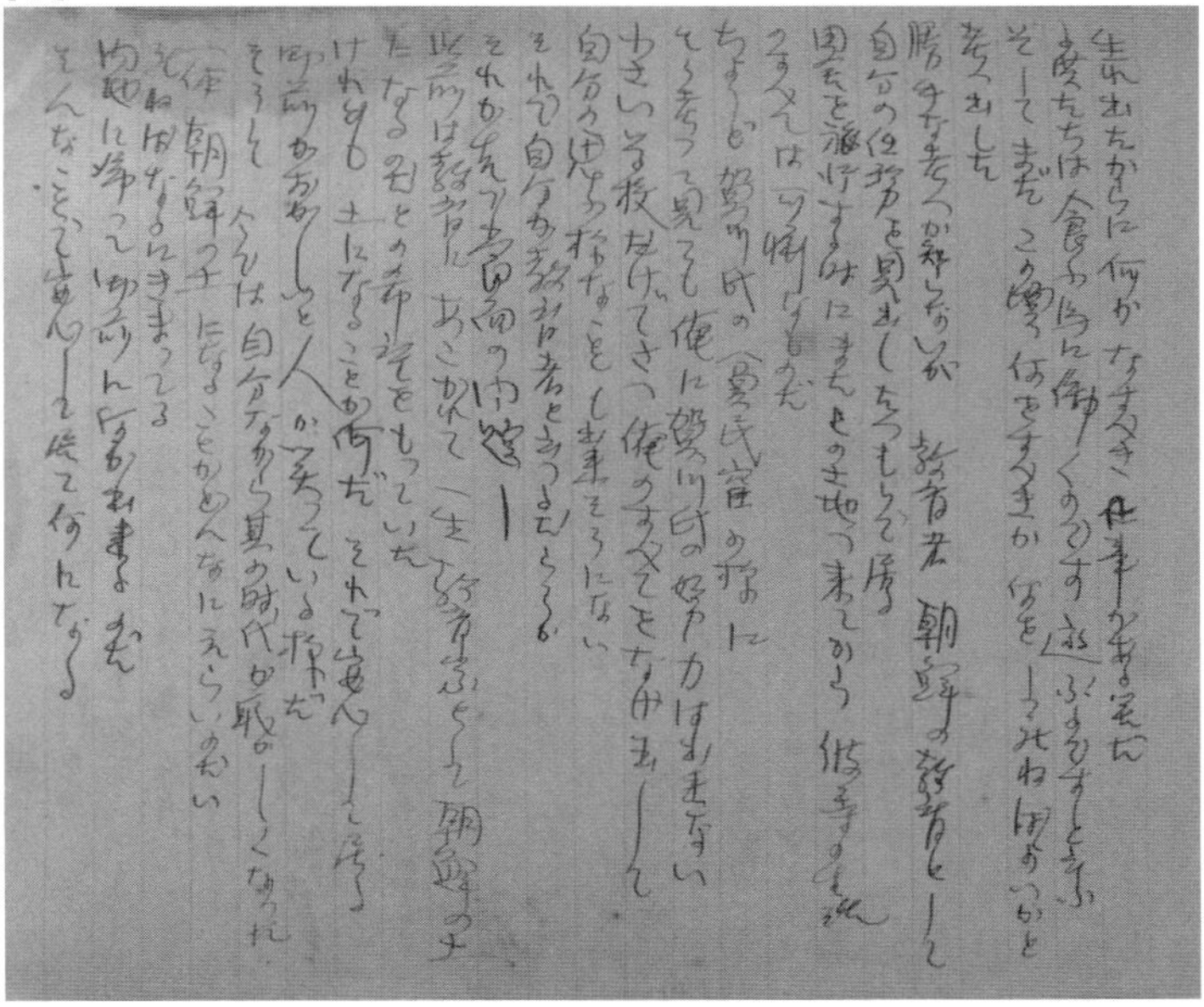

けの人びとがあまりに多い。これでどうして朝鮮が救われよう」（一冊七五ページ）と、日本「内地」から渡ってきた日本人教員のなかにも、金儲けをするためだけに朝鮮に来たという「腰掛け」気分の人がいることを激しく批判しています。これは、先ほどご紹介した『新興教育』への投稿文につながる議論だと思いますが、この時点ですでにそうした考えの萌芽《ほうが》が見られるのは興味深いと思います。ちなみに、私はいま北海道の大学におりますが、少なくとも私は「腰掛け」という発想は持っておりません。「北海道の土」になるとまで考えているかといえば、そうでもないかもしれませんが、ただ一般的な現象として、北海道の大学で数年勤めたら「内地」の大学に転任していくというパターンが少なからず見られます。このように、地方に職を得てそちらに移り住んで、その地方のために働き続けるということはよくあることですが、この時期はそのなかに旧「外地」、つまり植民地が含まれておりまして、しかも植民地で働くと「外地勤務手当」といいますか、基本給の半額近い「加俸」がついてしまうという状況でしたので、いっそう「金のため」と割り切って朝鮮に渡ろうとする人がいてもおかしくなかっただろうと思います。

その後、米太郎は与謝野晶子や松尾芭蕉、トルストイ、ウォルター・スコット、サミュエル・スマイルズなどの作品に触れながら、自分なりの教育論と労働論を得るための思索を続けていくのですが、それらを通じて、「「先で楽をするために働け」とか「お金を儲けるために働け」とかいう様な功利的論拠では、我等の霊（これはたましいのことですね）に何等の感激も起らぬ。――吾等の働くは単に生きんが為ではない。更に一層善き状態に於て生きんが為である。吾等は致遠の悦びをもつ、獲得の悦びを持つ。併しながらそれに至るの過程に対し更に更に大いなる喜びを感ずる」（一冊七七ページ）と、働くことそのものに対して「喜び」を感じるような生き方といいますか、彼の場合でいえば「朝鮮で教職に就く」ということそのものを「喜び」とするような生き方を目指そうという姿勢がうかがえます。ただし、ここで押さえておきたいのは、こうした米太郎なりの「労働観」が生まれた客観条件といいますか、彼の周りにはその反対事例が少なからず見られる「学校の日常」というのがあって、それに対して彼が思索や批判を加えるなかで「労働観」が成長していったという点です。

(2)見習士官期間中の米太郎（第九冊・第一〇冊）

米太郎は、咸安公立普通学校で担当した教え子たちが卒業した直後に、見習士官として第七八連隊に入営するため京城の南にある龍山《ヨンサン》に入ります。この時期の二冊の日記は、私が講読を担当しましたので、かなり細かい所まで覚えております。その日記によりますと、彼は前回の兵役を終えた時点で軍曹に任じられていますので、この入営でその上、つまり下士官となる訓練を受けることになります。この入営期間中もかなり多くの外出時間があったようで、しばしば京城の学校に進学していた元教え子たちと会ったりしています。入営後初めての外出となった三日には、元教え子の女子生徒ふたりを連れて、本町《ほんまち》——いまの忠武路《チュンムロ》ですとか、黄金町——いまの乙支路《ウルチロ》などに出向いていています。【図13】

【13】

は、一九三五年頃の京城市街地図の一部ですが、皆さんご存じのとおり、このあたりは植民地化前後から日本人街になっていまして、文化やファッションなどで当時最先端をいく街だったわけですね。米太郎は以前二年間京城に住んでいますので、当然こういう情報にも詳しかったわけです。

この当時、卒業後に晋州の学校に進学していた金再用とは何度も、週に一回といったペースで手紙のやりとりをしております。日記のなかにも「ＳＫ」というイニシャルでたびたび登場していて、手紙の簡単な内容が書かれているのですが、進学したばかりの彼女は米太郎に対して「寂しい」と手紙で何度もいい続けます。そして米太郎も「それ程まで俺を思ってくれるのか俺は出来るだけのことをＳＫのためにはしてやる義務がある様な気がする」（九冊二八—二九ページ）と、彼女の好意に応えようとしていきます。ただ、米太郎はこの京城での生活のなかで、合計三人の女性と文通をしておりまして、心もかなり揺れ動いていました。金再用のほかに、共通の知人を通じて知り合ったＩさんという女性と、元教え子の栄淑《ヨンスク》という女性ですが、彼女たちとの関係について米太郎は日記のなかで整理をしながら、最終的に「ＳＫは今の自分に取って一ばん近づいている女だ。かつては美しい空想のなかの人物にして見た程の女だ」（九冊五九ページ）と、再用への想いを再確認しています。複数の異性との関係を天秤にかけるというのは、誰しもが心の奥で密かにやっていることだと私は思いますが、それを包み隠さず日記に書いてしまうのが米太郎の誠実さなのでしょう。しかしその後、以前京城で知り合ったという点男《チョムナム》という女性に心を奪われておりまして、弟の大源《テウォン》と一緒に遊んだり、弟に姉の写真をくれるようにせがんだり、「俺の結婚の可能性が一番多いのが彼女なのだ」（九冊六九ページ）と、見合い結婚などを考えたりもしています。

また、この京城生活で彼はしばしば黄金町の「カフェー」に通うようになります。この当時のカフェーというのはいまの喫茶店とは違いまして、クラブやバーのように若い女性が——当時は「女給」といいましたが——客に付き添ってサービスをするようなお店だったんですが、米太郎は週に一度くらいのペースでカフェー通いをするようになりまして、ときには「地図を買いに行かねばならんと云う勝手な理由のもとに」（九冊八七ページ）兵舎を抜け出したり、「金をしらべて見るとやっと二十七銭ある、これだけあればソーダ水をのむだけの金はある」（九冊九〇ページ）と、財布を空にしてもカフェーに行っては、お目当ての女給に会いに行ったりしています。そして日記のなかにも、カフェーの女給たちとの会話や、彼女たちひとりひとりに対する思いが事細かに記されています。特に「パイン」というカフェーにいたMちゃんという女給が、米太郎のお気に入りだったようですが、彼女が他の客の機嫌を取っている様子に不満を感じながらも、「Mちゃんと何時かは金か力かのために堕落を止むなくされて行くのかと思うとなさけなかった」（九冊九〇ページ）と我に返っている様子は、二十代の青年らしくもあり、微笑ましいものがあります。しかしこうした、いまでいう水商売の女性に対する複雑な感情の動きすら日記に書いていたことにはおどろかされます。このように、みずからの心の動きをそのまま書くというスタイルは、その後も一貫していくことになりまして、特に再用との恋愛感情について多くの紙幅を割いて書き連ねていくことになります。

(3)冶炉公立普通学校時代の米太郎（第二七冊）

半年間の見習士官の入営を終えた米太郎は、再び教職に戻りまして、今度は訓導兼校長として冶炉公立普通学校に赴任します。この第二七冊目の日記は一九二六年の一〇月中旬からですので、赴任後二年ほどが過ぎたあたりに書かれたものですが、この年の一一月の初めに、米太郎が初めて再用と宿屋に泊まったときの様子が書かれています。そのときの模様もかなり生々しい描写で書いてあるのですが、プライバシーの問題もありますのでここでは割愛させていただきます。そしてそのときに、ふたりは男女の関係となる寸前までいくのですが、米太郎はそこでやめてしまいます。その直後の日記には、「結婚は吾々の間には成立しないのだ。それを知ってゐてすべてをゆるそうとすることはきけんだ。きいてみるとそれを承知してゐる。恋の成立しないことを知ってゐる。それで安心と同時に彼の女のことを気の毒に思った。そして自分の行為があまりにもつき込みすぎてゐることを悲しんだ」（二七冊一七ページ）と書いています。そしてこの出来事をきっかけとして、米太郎は「愛するＳＫに対するせめてもの責任は〔わ〕たしはこれからほんとうに聖《きよ》く生きることである」（同上）と、自分自身に対して戒めを与えながら、「きっと自分は女に対して新しい道を進んでみせる。それを得んがための今日までのなやみであったのだ」（二七冊一八ページ）と、この出来事を境に気持ちに大きな転よりいっそう悩み続けることになります。このときから米太郎は再用のことを「恋人」と呼ぶようになりますが、同時に彼は、朝鮮人である彼女との「結婚」という選択肢が現実味を帯びてくるなかで、よりいっそう悩み続けることになります。

一一月二八日の日記では、もし再用と結婚した場合に想定される状況について、あれこれ考えています。まず言葉と食べ物については困ることはないだろう、また、和裁や日本式の礼儀作法などでも彼女は大変だろうとしながらも、「大して困ることも多くはなさそうだ」と考えるのですが、「それなら結婚したらよさそうなものなのに自分にはどうしてもその気にはならぬ」と、結婚に踏み出せない想いを吐露します。そうした根拠として米太郎は、「自分は結婚と云ふことを考へた時に単なる愛情のまゝに進めなくなる。この点なのだ。恋を単に感情で進んではならぬ理性と加えてと言ってゐるが、その理性なるものがまたどうもこの様に考えてくるとあやしくなって来る」と、自分の結婚相手を選ぶときには彼女への愛情と、それとは別の「理性」との間で揺れ動いています。そしてこの「理性」というものが、彼に結婚を思いとどまるように作用してしまいます。その部分を全文読んでみますと、このように書いています。「咸安の人たちはそれみたことかと云ふだらう。上甲はつまらんやつだ教へ子と結婚したと云ふだらうあるひは自分が教育者として立つ場合に父兄から好ましくない眼で見られるだらう。辰橋《チンギョ》（これは両親が勤めていた郵便局があった場所です）の人たちもきっとよろこんではくれまいそれから向ふの親族がやつて来て困ることもあるかも知れぬそれが二人の平和を乱すものとすればはなはだかなしいことだ――それに父上はどれほど力を落とされるか分らない自分以上に世間に対してかたみせまく思はれるだらう。生れる子供と云ふものが朝鮮人化して行くだらうと誰もが云ふてゐるがそれは大した苦心もいるまいなんて考へてみるのは現実をはなれてのこと現実の自分には何時になってもそれがそのまゝ受け入れられそうにない」と、再用と結婚した後に自分の身の回りで起こるであろう、さまざまな非難や困難を考えた結果、自分は結婚してはならない、と思いとどまってしまうわけです。

こうした感覚に対しては、いまとなっては想像すらできないことかもしれません。また、当時の米太郎における朝鮮人観や女性観の「限界」として批判をすることも可能でしょう。ですが、ここで私は、かつて「朝鮮の土になる」といっていた米太郎をしても、朝鮮人女性との結婚を思いとどまらせるほど、当時の「帝国日本」には朝鮮人に対する露骨な民族差別の構造があったのだと、あえて申し上げたいと思います。当時の朝鮮総督府は「内鮮融和」の一例として、「内鮮結婚」を推奨していたように記憶していますが、そうしたスローガンを簡単には実現できないほど、「民族差別の壁」「日本帝国主義の壁」が厚かったことを、米太郎は身をもって体験したのだろうと、私は思います。

以上、非常にとりとめのない発表になってしまいましたが、私がお話ししたい点はすべて申し上げましたので、それらを簡単に整理して、終わりにしたいと思います。

まず第一に、上甲米太郎は植民地期の朝鮮で教育者として暮らし、そのなかでさまざまなことを思い悩んでいたのですが、そうした思索の過程といいますか、今回のテーマでいうところの「歴程」は、当時の植民地近代的な「日常」のなかで影響を受けながら、ときにはその「日常」に挫《くじ》かれながら、形成されていったのだということです。

第二は、植民地社会での差別構造という「壁」の存在をあらためて認識する必要があるということです。米太郎は、そのときの心の動きを忠実に日記に残すことで、その壁に突き当たったことを認識することができましたが、当時の「帝国日本」社会では、そうした「壁」の存在は意識すらされないレベルで、当然のことのように感じられていましたし、現在でもそう感じている人がいるかもしれません。こうした点を考えると、二十代の青年・米太郎の思索の「歴程」は、現在の私たちにも問題を投げかけているように感じられます。

以上で私の発表を終わりたいと思います。皆さま、ご静聴ありがとうございました。

※本稿は、九州大学韓国研究センター主催の研究集会二〇〇八「植民地朝鮮で蒐集された『知』の歴程――朝鮮総督府・京城帝国大学関係者の個人アーカイヴからの視線」（二〇〇八年十二月六―七日、九州大学国際ホール）において筆者が行なった発表の原稿を、一部修正したものです。

上甲米太郎に関する文献リスト（青木敦子後掲論文をもとに作成）

新藤東洋男・池上親春『日本帝国主義の植民地教育と闘った在朝日本人教師の闘いの記録——上甲米太郎と「新興教育」・教育労働者組合準備会事件（一九三〇）』（人権民族問題研究会、一九六六年）
旗田巍「上甲先生の健在をよろこぶ——『在朝日本人教師の闘いの記録』を読んで」（『朝鮮研究』一九六六年一〇月号）
上甲米太郎「朝鮮の新興教育運動　民族教育の黎明をめざして」（海老原治善『昭和教育史への証言』三省堂、一九六九年）
上甲米太郎「朝鮮における新教支局準備への弾圧」（井野川潔・森谷清・柿沼肇編『嵐の中の教育』新教育出版社、一九七一年）
上甲米太郎「春窮の農村から——植民地・朝鮮のたたかい」（大槻健・寒川道夫・井野川潔編『いばらの道をふみこえて　治安維持法と教育』民衆社、一九七六年）
新藤東洋男『在朝日本人教師——反植民地教育運動の記録』（白石書店、一九八一年）
園部裕之「在朝日本人の参加した共産主義運動」（『朝鮮史研究会論文集26』一九八九年）
梶村秀樹『排外主義克服のための朝鮮史』（青年アジア研究会、一九九〇年）
上甲伊利一「上甲米太郎の生涯　息子からみた人間像」（『南海日日新聞』連載、一九九七年一月二三日—二月二五日付）
高崎宗司『植民地朝鮮の日本人』（岩波書店、二〇〇二年）

青木敦子「ある日本人の朝鮮体験――「上甲米太郎日記」資料紹介」(学習院大学東洋文化研究所『東洋文化研究8』二〇〇六年三月)

上甲米太郎の問いかけるもの

樋口雄一

はじめに

上甲米太郎という人物についてはほとんど知られていない。一九六六年に新藤東洋男《しんどうとよお》・池上親春が著わした『在朝日本人教師の闘いの記録』という本によって一部の人びとに知られてはいたが、それほど話題にはなっていなかった。数人の教育史研究者、朝鮮史研究者によって取り上げられたこともあるが、それ以降は大きく取り上げられることもなかった。上甲が亡くなった後に関係資料が長男、伊利一《いりいち》をはじめ関係者の努力で学習院大学の東洋文化研究所で保存され、若い研究者たちによって日記の解読が試みられていた。こうしたなかで高麗博物館では上甲米太郎について取り上げようということになった。私たちも上甲米太郎についてはそれほど知っているわけではなかったが、日本人植民者として朝鮮に渡った上甲が治安維持法違反で逮捕されたこと、二年間にわたって西大門《ソデムン》刑務所にいたことなどは知っていた。なぜ、いま、この人物を取り上げることとしたかについて述べておきたい。

私たちの館は朝鮮・韓国の人びととの友好を築き上げていきたいと考えて活動している。古代から現代までの歴史のなかに友好の歴史をたどることも課題のひとつであるが、このなかで重点を置いている時期が近代で、植民地支配の歴史を事実にもとづいて把握することであると考えている。しかしながら植民地支配下の朝鮮民衆が総督府の政策のなかでどのような暮らしをしていたのかなど、まだ日本人には理解できていないことが多い。こうした植民地支配の実態についての認識の違いが歴史認識の差となって時に問題となる。植民地支配を肯定する論理がまかり通り、先の侵略戦争も肯定する動きが一貫して日本社会のなかにある。こうした状況のなかでもう一度植民地支配について考えておく必要があると考えられること、また友好のあり方を考えるためにも上甲米太郎展を開催することとなった。

植民地支配を告発する上甲

植民地支配下にあった朝鮮での上甲米太郎の行動から学ぶべきことは多いと考えられる。上甲の場合は植民者として朝鮮に赴き、朝鮮農村の普通学校（一）に赴任して朝鮮の農村社会に接することになる。彼は他の植民者とは違い朝鮮語を学び、朝鮮人の家に下宿して、朝鮮人が食べるようなものを食べていた。学校に来ることができた朝鮮人生徒は農村社会のなかでは豊かな階層であった。それでも彼らをとりまく生活環境はきわめて貧しかったのである。特に教え子たちの就職先がないことが彼にとっては心の痛むことであった。農村での乳幼児の死亡率は高く、三〇パーセントを超えていたと考えられる。春窮《しゅんきゅう》期には粥食にしたり食事回数を減らすのが一般的であった。誠実に朝鮮人教育を考えていた上甲にとって、これは見逃すことのできない現実として認識されるようになっていたと考えられる。

彼の日記や読書歴に見られるように徐々にではあるが彼の思想は変わっていき、ついにはプロレタリア教育運動誌『新興教育』の読者になり朝鮮の教育を変えていこうとするまでになる。彼は眼前に展開していた朝鮮農村のあり方から学んで、植民地支配のあり方を身をもって批判しているのである。彼は朝鮮人生徒から学びながら成長していくのである。彼が思想的な変化をする過程でそれまで見えてこなかったことがわかるようになっていく。彼は、のちに逮捕されることになる昆明《コンミョン》普通学校の校長として赴任した直後の一九二七年六月の授業のなかで「大化の改新」を教えていた。彼は大化の改新の四か条の第一に「皇族・諸豪族の私有地・私有民を総て廃止」するとの箇条があることを教えていたのであるが、生徒から「先生、今日それはできないことでしょうか」と質問された。少し長くなるが日記を引用しておこう。

「入学して後にも誰一人そうした質問をするものは無かった様に覚えてゐる。それから咸安（彼の前任校）での時はどんな気分で教へたかそれさへ思ひ出せない。その時自分にも何も感ぜずに教授したのかも知れぬ。今回始めて生徒の口からそれをきかされた。朝鮮の田舎の子供たちがどれだけそれを感じてゐるかが分る。それほど地主と小作人の問題は深く子供の頭に入ってゐる。現実な苦しみとなつてゐるのだ。自分たちは何も知らずに中学時代も過ぎた。そして始めて教壇に立つた時もそれを考へたことがなかった。何だか今日まで自分に歴史を教へてくれた人も何等そのことを考へてゐなかった様だし自分もそれをよほどおそくまで考へてゐなかったと云ふことになる。こうした上調子の歴史教授が修身教授が今日行はれてゐるところに人間の生命のある教育がどうして行はれて行けよう。大化の新政を農民たちは知りもすまい。而し知った場合にこの子供たちの様にそれが出来得ることならとす□考へるだらう。それがほんとうの要求なのだ。——今日の時代が切ぱくして来たが故に子供の口からそれをきいたのか。それとも自分の眼は前より少し開けて来たがためにそれが見えて来たのか。どちらか知らない。着実な人間よ、どうか生れて来れろ。自分の結婚もそうした気分のおおせいな女と結ばれたなればよいかも知れぬ。社会を改革し□る熱のないじぶんはせめて改革者の父にでもなりたい」。

彼は生徒たちの悩み、農民の暮らしをまっすぐ受けとめていたのである。彼は眼前に展開していた朝鮮農民の苦しみを受けとめ、生徒たちから大化の改新を今日できないかと問われ、それを肯定し改革者の父にでもなりたいと願っているのである。朝鮮人の農民生活は改善されることなく、彼が逮捕される一九三〇年一二月には世界恐慌の波は朝鮮を襲い、朝鮮農民は苦しみの最中にあったのである。

彼は逮捕前に発刊されたプロレタリア教育を掲げる雑誌『新興教育』を読むようになったが、この行動によって、逮捕され、職を失うことを覚悟して行動したのである。そこまで植民地農村の現実が厳しく、上甲がそうした行動をとらざるを得ないような朝鮮植民地支配の現実があったと考えられる。彼の行動は植民地支配の何たるかを明らかにしている。この点からだけでも彼の行動は植民地支配についての現代の誤った評価に対するするどい批判になっているのである。しかし、これだけで彼の行動は理解できるものではなく、彼が持っていた人間性によるところも大きいと考えられる。他の多くの日本人教師は朝鮮人の生徒たちのことや、朝鮮人の生活について関心がなく、彼が日記で書いているように、いくらかのお金を稼ぐ手段として教育を考えており、朝鮮人の姿は見えて来なかったのである。上甲には朝鮮人の姿が同じ人間として見えていたのである。なぜ、上甲には朝鮮人の抱えている現実を見ることができたのか、について見ておきたい。

キリスト教と人を愛すること

彼は当初熱心なキリスト教徒であった。愛媛時代にキリスト教に入信し、人は神の前に平等であること、人を愛することなどを人間として生きる指針として体得していった。彼は松山で一六歳のときに洗礼を受けている。彼の最も多感な時代であった。同時に大地主であった家が没落し中学で学業を終えなければならなかったことが社会を見る目を多様にしていたと考えられる。彼がキリスト教と社会に関心を向けていく過程で賀川豊彦に惹かれたのは愛媛時代の体験が基底として存在していたと考えられる。彼が日本と日本人による厳しい差別下に置かれていた朝鮮人社会と子どもたちに、人間として分け隔てなく接していたのはキリスト教の影響が大きかったのである。普通学校の教員になり、朝鮮語を学ぶことに継続して努力していたのは、朝鮮語を尊重していたということにとどまらず、朝鮮語を使う朝鮮人に対する愛情を持っていたのである。彼は朝鮮語を使って朝鮮人と会話をして朝鮮人と間違われて喜んだことを日記に書いている。朝鮮語での授業も行なっていたが、授業がおわり生徒たちが家に来て話すときなどはすべて朝鮮語で話していた。彼が青年らしく最も悩み、恋した女性は金再用《キムジェヨン》という教え子であり、誠実に結婚を考えたのである。日記の多くの部分は金再用について書かれている。また、朝鮮から見合いをするために愛媛の故郷に帰るときに朝鮮服を着て帰り、朝鮮人を不審者として取り扱うことが一般的であった警察官から呼び止められて質問されたことが一〇回にもなったと日記に書いている。朝鮮服を着ていたことをうれしげに書いているのである。

彼は朝鮮人の生徒と朝鮮人に対等な人間として接して、生活を含めてともにしていたのである。植民者として教師を務めながらもその枠組みを越えて、愛する朝鮮人として接していたのである。現在の時点からいえば当然のことであったが植民者としての日本人のなかでは彼の朝鮮人と接する態度はきわめて異例のことであった。彼は植民者としての日本人の一線を越えていたのである。このことを示す事例として彼の日記にある三・一運動の脚本を取り上げておきたい。

三・一運動の脚本を書く

周知のように一九一九年三月一日を中心にした民族独立運動（三・一独立運動）は朝鮮民衆の多くの人びとを巻き込んで行なわれた。この民衆運動に対して日本・朝鮮総督府は厳しい弾圧を加えて、投獄、虐殺を繰り返した。その後、この事実について朝鮮総督府は隠蔽し、独立運動が存在したことについては朝鮮民衆に対して、まして、朝鮮人学校などで教えることなどは当然のごとく禁止されていた。さらに、日本人校長が朝鮮人生徒が演じることができるような三・一運動の脚本を書くということは当時としてはあり得ないことであった。朝鮮総督府はふたたび植民地支配を揺るがすような事態が起こることを恐れていたのである。上甲はこの脚本を元に実際に生徒たちに学校劇をさせようと考えたのかは日記からは確認できない。日記の三・一運動の記述の後には生活綴り方運動の影響と思われる作文も記録されており、新しい教育のあり方を考えていたことは確かなことであろう。上甲日記では天長節（天皇誕生日）の祝賀会が形式的なものとなり、心がこもっていないと嘆いている後に突然「万歳騒」（三・一独立運動のこと）のことを書いているのである。この時点の上甲は天皇制の否定などということを考えておらず、むしろ天皇制をより有効なものとするために天長節を考えているのである。その記述の直後に「万歳騒」についているので、その関連、心情については正確には判断することはできない。上甲は大洲中学を卒業した一九二〇年に朝鮮に渡り、同年四月には京城《けいじょう》高等普通学校附設臨時教員養成所に入り卒業した。三・一運動の熱気がさめやらぬ時期に朝鮮に渡り、運動の概要については知っていたと考えられる。彼の父が住んでいた河東《ハドン》や各赴任地は慶尚南道《キョンサンナムド》内であったが、ここは激しい三・一運動が展開されていた土地でもあった。この日記が書かれたのは一九二二年であるから三年経過した後である。

日記に記されている三・一運動の経過は典型的ともいえる事実の進行を脚本というかたちで描いている。この脚本の全文は巻末資料を参照されたい。もちろん、この脚本では「鮮人」という言葉を使用したり、民衆に対して銃を撃った場合もあるが銃を空に向けて発射したと描いていること、独立に反対する郡主を登場させたりしていることなど上甲の認識の限界も示している。郡主の扱いは地主を代表しているとも考えられ、当時の朝鮮人青年たちの三・一運動後の運動認識も反映したものとも考えられるが定かではない。この脚本は現在の時点から考えればさまざまな批判をすることができよう。また脚本というには未熟であることもあろう。しかし、三・一運動について上甲が関心を持ち、朝鮮人の子どもたちを教育する場所で三・一運動について教えようとしていたことは確かなことである。三・一運動を契機に朝鮮人を「不逞鮮人《ふていせんじん》」と呼ぶ風潮が蔓延《まんえん》していた日本社会のなかで三・一運動という独立運動があったことについて生徒に教えようと考えた日本人教師がいたことは評価に値すると思われる。

治安維持法違反容疑での逮捕経過と西大門刑務所での経験

上甲が治安維持法違反で逮捕されたのは一九三〇年一二月であったが、はじめ教え子であった趙判出《チョパンチュル》が逮捕され『新興教育』の読書会を作ろうとしていたとして検挙された。この『新興教育』という雑誌は非合法雑誌ではなく、合法的に販売され、上甲は自発的に読者になっていたのである。逮捕される頃になると上甲は教育労働組合結成やプロレタリア教育を考えるようになっていた。上甲は一九二七年頃からマルクスの『資本論』を購入して読んだり、プロレタリア雑誌『戦旗』を読むようになっていた。一九二九年に生まれた長男にレーニン（ウラジーミル・イリイチ・レーニン）から名前をとって伊利一《いりいち》と名づけたことからもマルクス主義に傾倒していたことがわかる。一九三〇年になると『新興教育』が創刊され、彼は熱心な読者になり、同誌に投稿し、一〇冊を購入し、教え子や同僚教師の朝鮮人・日本人の知り合いに配布して読者になるように勧めていた。しかし、彼は組織的には共産党員ではなく、そうした機会もなかった。あるいは労働組合など進歩的な組織とも無縁であった。マルクス主義を文献的に知り、信じるようになっていたが個人的な信条として『新興教育』の熱心な読者であったにすぎない。朝鮮を愛し、朝鮮人の教え子とともに教育と社会改革を志す誠実な青年教師であった。もちろんこうした日本人教師は朝鮮には他に存在せず、朝鮮人と歩もうとしたこと自体が植民地支配機構に連なる日本人社会から厳しく批判されることになった。組織的な活動経験もなく独自に始めた運動であった。したがって警察当局の取調べを配慮することなく教え子である趙判出からの手紙等の通信記録を保存し、思想遍歴を示す日記も付けている。したがって光州学生蜂起直後で学生の動向に監視の目を注いでいた当局によって京城師範の学生寮にいた趙判出がまず逮捕され、同時に上甲の私信が発見され関係者全員の逮捕につながるのである。まだ、本格的な読書会や教育労働者組合が結成される前のことである。彼は懲役二年、執行猶予五年に処せられる。彼は判決確定までの二年間、西大門刑務所で暮らした。この刑務所での体験が彼を大きく社会主義者として成長させたと考えられる。彼は単なる『新興教育』の読者という立場から社会主義者としての思想を持つに至ったと思われる。以下に長男、伊利一の論文(二)からこの間の事情を考えてみたい。彼は特に日本人や朝鮮人の支援者が訪れるわけでもなく、零下二〇度にも達したという獄中で二年間を過ごしたが、孤独ではなかったようである。同房となった間島《カンド》パルチザン運動の参加者、早稲田大学生で全羅道《チョルラド》共産党事件で逮捕された人物からパルチザン運動や共産主義の理論について学んだと指摘している。獄内では朝鮮語の暗号が壁をたたいて通話され、彼自身も通信しているところを監守に見つかり後ろ手にくくられたままで食事をしなければならなかったと回想していたと書かれている。伊利一も指摘していることであるが、このときに社会主義者として生きていく基本的な人格形成が整ったと考えられる。

一九三二年の釈放後のことであるが「私自身の出獄後のことだが誰にも就職を頼んだことはない。社会主義思想を捨てましたとは私に死んでもいえぬ言葉だったから」と書いている。(三)しかし、その後働かなければならず釜山《プサン》で土建会社の帳簿付け、保険の外交員を経て晋州《チンジュ》に移ったが、この間に離婚、再婚を経験する。晋州は上甲の知り合いも多かったが、なかでもともに逮捕された教え子、趙判出もいたと考えられる。趙判出は釜山でも一緒に働き行動をともにしていたのである。ともに行動していた人と離れてはいなかったのである。もし、上甲が転向し、日本の朝鮮統治に賛成するようであれば趙との共同行動はなかったと思われる。上甲は日本に帰り、あるいは過去を清算して新しい職を得るような行動はとっていない。しかし、上甲には更なる試練が待ち受けていた。三井系列である北海道釧路の太平洋炭鉱への強制連行労働者の朝鮮人労務係としての転職である。

太平洋炭鉱から三井三池炭鉱へ

彼が労務係として太平洋炭鉱に行く経過は彼の思想的な問題として重要な問題を含んでいると考えられる。日本の戦時労働動員の一翼を担うことになったのである。この問題は植民者としてアジア全体にいた日本人共通の問題であり、あるいは兵士として戦場にいた日本人全体の問題でもある。上甲のみの問題ではないといえる。植民地を持った日本近代が持つ共通の課題である。また、植民地に限らず日本国内にも在日朝鮮人が各地に居住し差別を受けていた。こうした全体構造のなかで位置づけなければならないが、ここでは上甲の具体的な事例で考えていきたい。彼の就労経過については伊利一氏の言によれば特別高等警察（以下、特高とする）の勧めであったとされている。確かに彼のような前歴のある者に対して企業側が積極的に雇用するとは考えられない。また、彼が自ら職を得るために求職活動をしたとも考えられず、したとしても大手の炭鉱の職員として働くには特高の紹介がなければ就職などはできなかったといえる。企業側でも過去の履歴が良ければ朝鮮語のできる日本人労務係は必要であった。実際朝鮮での警察官経験者などを採用している。また、彼が特高の監視下にあったことは治安維持法違反者に対する共通の政策で、特に朝鮮では保護観察所が各地に設置され、ひとりひとりが監視下に置かれていた。こうした政策のなかで朝鮮社会のなかに日本人の治安維持法違反者がいることは警戒の対象にもなっていた。特高は上甲が晋州からいなくなることを望んでいたとも考えられる。企業も特高も利害が一致して上甲を採用することとしたと考えられる。また、この時点では上甲が特高の指示を拒否することができるような環境になかったと思われる。見方にもよるが上甲は朝鮮人労働者とともに過ごすことを肯定的に見ていたかも知れないという側面も否定はできない。

彼が労務係として担当していた範囲内では大きな事件が起こらなかったという記録もあるが、炭鉱全体の労働は厳しく、抵抗する人びとも多かった。犠牲者も多く出たのである。このようなかで上甲はできるだけ朝鮮人の立場に立とうとしていたと考えられるが、きわめて限界のあることであった。

伊利一は父が朝鮮人と長く朝鮮語で話していると上司から前歴を知っていると脅されたと書いている。敗戦直後には、朝鮮人労務係を務めていた人は多くが姿を隠すか、逃げてしまったが、上甲についてはそうした事実はない。彼は敗戦直後も職にとどまり、共産党に入党しようと福岡まで出かけている。むしろ、上甲とともに太平洋炭鉱・三池炭鉱で強制連行労働者として働いていた熊本県荒尾市に住む沈載吉《シムチャキル》氏の最近の証言では上甲を次のように述べている。上甲は「いつも相談に乗り、優しく世話をしてくれた。恩人の家族と会え、夢のよう」と評しているのである。(四)

上甲のような日本人労務担当者はいまのところ存在を確認できていない。しかし、上甲は例外的な存在であり労務係は厳しい労働と犠牲を強制していたのである。事実、太平洋炭鉱でも争議が存在し、網走の刑務所に入れられた朝鮮人もいたし、上甲が首謀者でないかと疑われたりしている。三池炭鉱に移されてからは少し処遇は良くなったものの、二年間の契約を過ぎた後も帰国させなかったり、日常的に「いざこざ」が起きたと証言している。上甲は朝鮮人から信頼されて無事に済んだこともあったと沈氏は話している。(五) しかし、また、こうした上甲のような対応が、優れた労務管理のあり方として考えられていたこともひとつの側面であった。結論的にいえば戦時下の日本の植民地支配構造と日本本国内の支配構造のなかで上甲も例外としては存在し得なかったというべきであろう。もちろん、戦時下に到っても上甲個人は朝鮮人を愛し、朝鮮人を友として接していたことは確かである。この時期に限ってみれば日本人のすべては末端の個人まで支配の歯車に乗せられており、上甲の個人的な行動も植民地支配構造のなかでは支配の一存在として機能するという側面があることは否定できないであろう。日本の敗戦により上甲は朝鮮人とともに敗戦を解放ととらえて獄中で学んだ社会主義思想にもとづいて行動し、日本共産党員となり活動するようになった。同時に解放された朝鮮人も日本共産党に入党し上甲とともに活動するようになる。当時多くの朝鮮人が日本共産党に入党したのは戦前の一国一党主義の原則が生きていたからである。

上甲の戦後活動と朝鮮人

敗戦直後から活動を始めた上甲は、当初は戦前と同様に三池炭鉱の人事係として働いていたが活発な組合活動のため解雇された。レッドパージの初期段階であった。その後は教育紙芝居、失業対策事業で働き、全日自労（全日本自由労働組合）の活動をくり広げることとなる。また、「日本子どもを守る会」の全国組織と大牟田《おおむた》地域での活動に参加する。この間、一九五五年に日本共産党から朝鮮人が離脱するまでは朝鮮人とともに地域活動をくり広げていた。三池炭鉱地域・大牟田には戦後も多くの朝鮮人が残り、暮らしていた。この朝鮮人の多くが日本共産党にも参加して上甲とは「同志」として活動していたのである。上甲は朝鮮人が日本共産党から離れてからも朝鮮人との関係は続けていた。その後、東京に来る二、三年前からは大牟田市内の朝鮮人集住地区で生活し、日常的に朝鮮人と暮らし始める。ここでの上甲と朝鮮人たちの交流はどのようなものであったかについては証言、研究はなく具体的活動については明らかではない。一九六六年に東京八王子に転居するまでそこで生活する。東京では日朝協会⑹などで活動する。一生を朝鮮人を友として、しかも、貧しい農民の子どもたちと労働者たちと歩みをともにしてきたといえるであろう。上甲は東京に来てから新興教育事件に関して体験記をいくつか書き、講演などを行なっている。このなかで朝鮮農民の生活状況と日本人植民者の問題、自分が社会主義者への転換を遂げたのは獄中の朝鮮人社会主義者から学んで確信を持ったこと、など重要な問題について述べている。なかでも朝鮮との関係で重要な活動は金嬉老《キムヒロ》の裁判⑺で弁護するための証言に立ったことである。朝鮮での差別がどのようなものであったのかを明らかにしようとしたのである。他のかつての在朝日本人が朝鮮支配を懐かしむのみで朝鮮人の暮らしについて関心を持たず、それを見ていないという問題を感じ証言に立ったと思われる。敗戦後、多くの日本人が帰国し、日本各地に朝鮮での生まれ、あるいは暮らしを懐かしみ、「同郷会」のような組織を立ち上げて、会合を持っている。また、韓国に出身地を持っている日本人はときに韓国を訪問し、かつての同級生たちとの交流をしたり、観光を楽しんでいる。しかし、身のまわりに暮らす在日朝鮮人に対する差別に目を向けていた上甲のような日本人は、また希《まれ》ではないであろうか。

まとめ

上甲米太郎が生涯を通しての朝鮮人との交流のなかでさまざまなかたちで示している行動は、現代に生きるわれわれにとってどのような意味を持っているのであろうか。誠実であったこと、人間として対等に朝鮮人を愛していたこと以上に歴史的な意味を持っていると考えられる。そのいくつかを上げておきたい。

植民地支配をめぐって

いま、植民地支配下で鉄道建設、病院などインフラ整備を行なったこと、朝鮮人を対等に処遇していたことを聞いたと発言するなどさまざまに植民地支配を合理化する言説が主流になっている。この動きは日本人の間に広まり、定着しつつあるように思われる。この原因のひとつは植民地支配下の実態が明らかになるような研究や記録あるいは事実が日本人の前に示されていないからである。特に朝鮮人の八割に達していた農民の実態についてはなおさらである。自作農が減少し続けて小作農が増加し、農民の多くが日本、中国東北地区に移動しなければならなかったが、その基礎的な要因である農民の生活実態を知るような刊行物は日本国内では数少ないのである。こうしたなかで植民地支配の肯定的な評価が定着しているといってもよいであろう。上甲が向き合っていた現実は彼の卒業生たちの就職が困難であること、学校に来ることのできた生徒はそれなりに裕福な生徒であったけれどもそれ以外の無就学の子どもたちが多かったこと、暮らしが成り立たない農家が多かったことであったが、彼はそうした実態を明確に認識していた。このことを彼は「春窮といって麦秋《ばくしゅう》(麦を収穫する頃)にはまったく食べるものがなくなる。草の雑炊を主食にする。かんころ飯などの比ではない。青草のなかに砕け米がポツンポツンとあるだけ。先日、その実物を見せてもらって、びっくりしたのだ。青い顔をした、あの老農夫は青草の雑炊ばかり食っており、生きることに希望を失っている」と農夫との交流を描き、農民の姿を追っている。(八)上甲は教育とそれをとりまく環境、すなわち農民の暮らしを直視しているのである。上甲はそこから植民地支配についての新たな認識を得て社会認識を深めているのである。上甲の視点は、植民地支配が朝鮮の社会発展に寄与したとする見解を持つ人びとに対する明確な批判になっている。彼が赴任した農村の朝鮮人学校をとりまく状況から植民地支配の実態を農民の姿を通じて告発し、それに対する批判を持つに至っている。朝鮮人農民の生活の姿を正確に認識し得たこと、その上甲の認識をわれわれが歴史的な事実として受けとめることが重要であると考えられる。

植民者日本人のなかでの上甲米太郎

日本人植民者は敗戦時には七一万余人に達していた。(九)この日本人の大半は公務員、警察官、教員、軍人、地主など朝鮮支配にかかわる人びとであった。植民地支配機構を維持するための要員であった。これらの人びとの大半は都市では日本人街に住み、日本語のみを話し、和服を着ている人も多かった。食生活も日本風であった。子どもたちは日本人のみの学校に通学していた。上甲の父親は郵便局長として朝鮮に渡り、親戚も銀行に勤めたりしていた。日本人は日本人世界をつくり、このなかで生活していた。農業を営んでいた人もいたが日本人社会のなかで暮らしていた。

しかし、上甲は多くの点で違っていた。彼は朝鮮人学校に赴任したので当然ともいえたが、朝鮮人と違わないほどに朝鮮語を堪能に話したのである。朝鮮人学校である普通学校に赴任した他の教員も朝鮮語はできたであろうが、上甲はより熟達していたと思われる。彼は日本人がいないような地域の学校にも赴任したが、そこでは朝鮮人の家に下宿し、なんら不自由を感じていなかった。食事は農民の食事とは違う用意された食事であったろうが、朝鮮食に近いものであったと考えられる。服についても賀川服（賀川豊彦が普及していた）なども用意したが朝鮮服を着て日本にまで帰っている。このような行動をしたのは希なことであろう。朝鮮総督南《みなみ》次郎《じろう》も皇民化のために朝鮮服を着たが、上甲は愛着を持って着たのである。朝鮮社会とそこに住む人びとと対等に暮らそうとしていたのである。こうしたことでも異彩を放っていたが、教え子たちの就職や進学などに使うために借金までしている。他の日本人教員が外地手当をもらい、貯蓄し、日本人社会のなかで暮らし、日本人社会のなかに生きようとしていた時代、上甲の行動は日本人植民者たち全体のなかでも例外的、希な存在であった。これが日本人社会のなかでは孤立する道を歩む結果となったのである。それは植民地主義を否定し、社会正義を貫こうとした姿勢が生みだしたものといえる。朝鮮での日本人の大半は植民地支配を肯定し、その枠組みのなかで暮らしているなかで、それを批判し、朝鮮人とともに歩もうとした上甲は稀有《けう》の日本人であったと評価できよう。上甲米太郎は植民地支配という枠組みから抜け出そうとして朝鮮人とともに歩んだのである。アジアや朝鮮の人びとととともに歩もうとした日本人上甲の姿勢が現在、改めて評価されなければならないと思われる。

上甲が友とした人びと

上甲日記のなかで彼は金儲けのみを考える植民者としての日本人には批判的であったが、彼が愛した教え子、金再用に対する愛情は強く、教え子たちにも心を配っていた。彼が借金までして学費を補助した趙判出は逮捕され、厳しい取調べがあっても警察には同調せずに何も自白しなかった。趙判出は出獄後も釜山の土木現場での労働も上甲と一緒であったし、上甲が晋州に行くと趙判出も晋州で暮らすようになっている。上甲の交際は逮捕・釈放後も復職や日本人社会にとり入ろうとしていたわけではなく保険の外交、新聞販売などによって生計を立てようとしていた。特に地主や日本人有力者に迎合して生きようとした形跡はない。朝鮮では思想犯には保護観察所の監視の目が張り巡らされ、思想善導運動が展開されていたが、それに積極的に荷担したわけでもない。朝鮮人・日本人民衆との交流が中心であったと思われる。戦後についても一貫して民衆との交流が続いていた。上甲は民衆との交流を自然流でこなしていたのである。それができたのは日本の植民地支配という枠組みのなかから自立していたからに他ならない。戦後についていえば戦後体制から距離を置いた存在として民衆のなかにいたのである。民衆、今流にいえば市民の朝鮮を中心にした自立した交流が彼の生涯を通じての主張だったといえる。そして、いま、問われているのは韓国・朝鮮の人びと、在日韓国・朝鮮人との市民を中心にした自立した交流の大切さであろう。

この自立した交流をなし得たのは何かを上甲の生涯から見ておきたい。戦前期に朝鮮の独立を認め、尊重し、朝鮮人との交流をなし得た人びとは上甲以外にもいる。立場や主張などはさまざまであるが弁護士・布施辰治《ふせたつじ》、京城帝国大学教員・三宅鹿之助《しかのすけ》、浅川巧《たくみ》、柳宗悦《やなぎむねよし》、あるいは磯谷季次《いそがやすえじ》などの人びと（一〇）、共産主義運動家を挙げることができる。他にも日本国内で強制動員された朝鮮人の逃亡を助けた人、労働運動でともにたたかった人びとなど、発掘されていない日本人もいるであろう。こうした人びとのなかで上甲を位置づける必要がある。

上甲米太郎の思想的な成長の特長は多くの書籍を読んでいることである（巻末資料の読書歴参照）。その内容を見ると彼の置かれていた状況、環境から納得できる本を選択しているように思われる。彼は身近にいる生徒の経済状態、春窮期に青白い顔をしている農民の言葉などから解決の道を考え、『新興教育』を読むようになっている。朝鮮人農民の現実から学んでいるのである。また、彼が社会主義を理解するようになったという獄中では同房となった朝鮮人たちから学んでいるのである。こうした朝鮮人との密接な関係は朝鮮総連（在日本朝鮮人総聯合会）が結成される一九五五年前後まで継続していたと思われる。彼にとって朝鮮人たちは教師であったといえよう。すでに社会主義を理解し、朝鮮人を弁護する、あるいは学生をかくまうという仕事をした布施辰治、三宅鹿之助とは違う朝鮮人に対する接し方であった。また、朝鮮の芸術・美術に接し、それを通じて朝鮮を理解しようとしていた浅川巧、柳宗悦などとも相違していた。磯谷季次などの社会主義者と近い存在ではあったが、上甲の根底には彼が青年期に培ったキリスト教の影響がある点、教育者であったことなどが日本人社会主義労働者とは違うところである。それが朝鮮、朝鮮人に学ぶという姿勢をとらせる要因になっていたのであり、この朝鮮と朝鮮人に学ぶという思想が自立した交流の源泉になったと考えられる。いま、日本人の歴史認識がアジア、朝鮮の人びとから問われているなかでその人びとから学ぶことの重要性を示唆しているのが上甲米太郎が残した遺産のひとつであるといえよう。

（一）普通学校は朝鮮人のみを収容し、日本人の通う小学校と区分し、日本人の子どもたちとの就学率の差が大きかった。上甲が赴任した時期は男女平均で二〇パーセント以下の就学率であった。なかでも女子は八パーセント以下であった。朝鮮人が教育に熱心でなかったわけではなく、農村で授業料を支払うことのできる農家が少なかったという事情が存在する。これに対して日本人植民者の子どもの就学率は日本国内と同様に一〇〇パーセントに近かった。朝鮮人の就学率については金富子『植民地期朝鮮の教育とジェンダー』（世織書房、二〇〇五）による。

（二）上甲伊利一「治安維持法に問われた若き在朝鮮日本人教師」（『治安維持法と現代』二〇〇四年七号）。
（三）上甲米太郎「春窮の農村から——植民地・朝鮮でのたたかい」（『いばらの道をふみこえて』民衆社、一九七六）。
（四）沈氏は八八歳。二〇〇八年五月一一日に上甲まち子氏と熊本県荒尾市内で会った時の発言、西日本新聞二〇〇八年五月一二日付「過酷な労働に心の支え」記事による。沈氏は戦後帰国せず荒尾市に夫婦で住み続けている。この取材は上甲米太郎の長女まち子氏も参加して行なわれた。
（五）上甲の「講演記録」から。この太平洋炭鉱と三池炭鉱時代、すなわち労務係時代については研究されていないため両炭鉱内での状況は明らかではない。上甲は争議を行なった労働者の背後にいたのではないかと疑われたと回想している。
（六）日朝協会は在日朝鮮人、朝鮮民主主義人民共和国との友好を目的に設立された市民運動団体。上甲が存命の時には日韓条約締結以前であったり、その後は軍事政権が続き韓国との市民的な交流はできなかった。現在では朝鮮・韓国民衆との交流活動をくり広げようとしている。
（七）金嬉老裁判。在日朝鮮人の金嬉老が殺人事件を起こし、寸又峡の旅館に立てこもり朝鮮人に対する差別撤廃を訴えた。この裁判を支えたのは多くの市民と研究者などであった。
（八）上甲米太郎「朝鮮における新教支局準備への弾圧」（『嵐の中の教育——一九三〇年代の教育運動』新日本出版社、一九七一）。
（九）一九四四年五月一日現在。朝鮮総督府『人口調査結果報告』一九四五年三月刊による。
（一〇）朝鮮における日本人社会主義者の概要については園部裕之「在朝日本人の参加した共産主義運動——一九三〇年代における」（『朝鮮史研究会論文集26』一九八九）に詳しい。上甲が直接発言した記録としては「朝鮮の新興教育運動——民族教育の黎明をめざして」（『昭和教育史への証言』三省堂、一九六九）がある。

あとがき

高麗博物館

本書には上甲まち子氏の講演、最近の研究論文などを中心に収録した。上甲米太郎については一九六六年に刊行された新藤東洋男・池上親春『日本帝国主義の植民地教育と闘った在朝日本人教師の闘いの記録——上甲米太郎と「新興教育」・教育者労働組合準備会事件（一九三〇）』（人権民族問題研究会）以降、上甲米太郎のインタヴューや長男・伊利一氏の論文などが刊行されていたが、本書のようなかたちで再評価が行なわれることは数十年なかったことである。いま、日本国内では民族学校に対する攻撃や在日韓国・朝鮮人への差別はなくなっていない。韓国併合から一〇〇年を経ても植民地支配に対する評価や戦後補償問題もなおざりにされている。新たな友好関係を築く必要に迫られている。こうした意味で上甲米太郎のあゆみから学べることは多いと思われる。また、これから行なわなければならない日記の分析と完全読解など上甲研究の課題が多いが、この第一歩となればとも思う。

本書刊行の契機になったのは高麗博物館の展示であり、多くの市民ボランティアが、上甲の足跡を訪ねた韓国調査、展示説明文書、読書歴と年譜の作成、写真の整理、翻訳、校正などに参加された。

市民運動の成果である。記して感謝申し上げたい。

また、上甲米太郎の日記等の資料を所蔵している学習院大学東洋文化研究所の好意と、日記を記録化していた吉沢佳世子、山口公一、青木敦子など各氏の研究がなければ実現できなかった。日記の目録については青木敦子「ある日本人の朝鮮体験——「上甲米太郎日記」史料紹介」(『東洋文化研究』第八号、二〇〇六年三月)を参照させていただいた。韓国の上甲が勤務していた学校の先生方、韓国の案内をかって出てくれた方、上甲の郷里愛媛の方々や各地の研究者、大牟田の在日韓国人の方々にはひとかたならぬ御世話になった。

末筆になったが上甲まち子氏の好意と困難な出版事情のなかで出版を引き受けてくれた大月書店と担当いただいた丸尾素子氏に感謝いたします。

上甲米太郎日記（部分）〔学習院大学東洋文化研究所に保管されているものより抜粋〕

第一冊・一九二三年八月八日（部分）

ぬす人とどうして□和が出来ますかと鮮人の一人は云ったとか。日々大きくなって行く彼等の身代をみて心ある鮮人の心は何をみるだろう。俺たちの金をとって行くのだ。鮮人のおかげで大きくなった人々よ、あなたたちはあまりに高まんだ。誰の世話にもならず一人でえらくなった様に思っていられる、高ければ買うな、気にくわねば買いに来るな、そしていやだったら売らぬ。その様な態度をとって平気な人々の心が可憐になる。真に立派な商人が無礼な客には売らない、正しきを踏んでおそれぬものであるならそれこそよろこばしいことだ。だけど恐らく此の様な商人はあまり売れぬだろう。今いばって居る彼等は不心切にして高く無責任に売る。人々は他に買うべき所もなく、あっても同様で買わざるを得ないのだ。買ってやるのだとの心持は彼等のもつべきものだろうか。買っていただくとの感謝こそ買うべき□□あるものを。君は何をしに来たのか。金をために来たのだろうかと同僚に云われて悲観したと云う山下君。

そうなのだ。学校の先生までがそれなのだ。金を一万ためたから帰るとか、どれだけ出来れば帰ると云うのが彼等の理想なのだ。朝鮮の土になるつもりでいるものがあろうか。金ためても帰れぬものもある。彼等は金だめに夢中になって帰ることを忘れているに過ぎないのだ。こしかけの人々があまりに多い。これでどうして朝鮮が救われよう。働いた上に働いて、又其其の上にも一つ働け――そう云う内地人はうんとあることを承知している。而し彼等は人生を充実さす為に働かずに居られなくて働くのでなくて、働いた彼の金を得てたのしもうと云う輩なのだから。朝鮮人に比べて多少勤勉だと云うに過ぎない、ながながためると云うに過ぎないのだよ。此の様な愛のない人々によって代表せられて居る内地人とどうして親しい友として□しくことが朝鮮人は出来るだろう。此の様な人々の集りの国である日本の人々のことが気にかかる。教育の責任も又大なるかな。而しかなしいことに心がけて下さる先生があまりに少ないのだから。

第一冊・一九二二年八月一〇日

バルトンは、人間に悲哀があることの有力なる原因を怠惰にありと論結した。

『怠惰は骨と心との滅亡零落なり。悪の養育者は一切の不幸の母なり。悪魔の褥なり。一種の病なり。心の銹なり。疾病なり。地獄其のものなり。溜りて流れざる水に虫がわく。穀物を育てぬ畑には雑草が茂る。小麦を入れるといくらでも粉をひく臼が、何も入れねば摩滅する。彼等が怠惰なる間決して満足することなく、心身共に病的となり、常に蠢々として怒り泣き嘆き、悲しみ、悶え、苦しみ、□び、疑ひ、何事にも世を果敢なみ、或は愚なる空想に耽る。甚だしきは死をさへ育む』

吾等は同胞の現状を思ふ。□愁悲痛の□へ声は抑々何に基くか。朝鮮人は怠惰だと内地人が云ふ。所がその内地人に対して人々の感想が名の如きものがある。あゝ我が二千万の同胞は楽しまんとしてきっと楽しみはないのだ。楽しんだつもりで決してそれは真のだのしみでもないのだ。楽天家の彼等だって、必ず怠惰の苦しみがある筈だのに、それとも今日までの悪政が彼等をしてかくあらしめたのだらうか。金をもうけて遊ぶと云ふのが彼等の理想だと思った人々よ、そして彼等を導くべき吾人の責任の大きさを感じる。彼等は病なのだ。しかも長い間にめんえき性に陥った恐ろしい、アエぎの様な中毒の様な物なのだ。

強者にそむいた彼等からすぐそれをはなれ得る体様をつくり得ない。子孫に致ってきれいなものに、教育の力はなし得るはずだ。もと〳〵後天的な病なのだから。今の大人は可憐ながらちょうど彼等の煙草の様に止められぬだらう。子供の多くも又煙草をのむものである。少くとも次の次の代からは怠惰が苦しみを彼等に自覚せしめ得るだらう。自分でそれを自覚し実行すると共にこの精神は子供等にきちんと教へこまねばならない。天子よりもって庶人に到るまで一つ身をおさむるをもって基となす。家を治めんとするものは身を、国を治めんとするものは其の家をと十一才にしてそれを見出された藤樹先生はたしかに偉かったのだ。

先づ身を治めて学校を治めよう。そして出来得べくんば俺の村を町を郡を国の人々と共闘して全朝鮮をおさめて行きたい。あゝそれには恐ろしき程の大きい努力がいるのだ。それだけの努力をなすべく俺はあまりに不芸な様な気がする。おゝ神様、私にかくあらんとつとめる努力をお与え下さいませ。小さい私に出来る限りの働きをさして下さいませ。小さい私はあまりに私欲にとらわれ易いことを知ります。それをはらふべき手をもちながら手に働きを命じ得ない程決断の力がありません。私にその決断の力をお与へ下さいませ。あゝ努力を！　力を！　私は！　神様！　まだ〳〵自分の苦しみの止らないことを知りました、そんなことを自覚するあまりに私の心はぼんやりしております。

あたわざる所なき神よ　私を導き給へ　アーメン

立ち上れ、床を蹴って立ち上れ！
太陽は朝の帷を開いて現はれた。
白い光が流れる。

働きの流れに沿うて花が咲く。
花の園生に花が踊る。
みんな声を合せて歌ふ。
『働いた上にも働いて、
又其の上にも一つ働け！』
俺はあゝ
神よ御声をきく様だ。

第四冊・一九二二年一〇月三〇日

一週間に作文を二三度作ったり、又、先生のお話を聞いておぼえてたりする時分に色々色々な作文を作ることが□□出されるのである。しかしからしてだん／＼作文が進歩するだらうと思います。

鉄道

皆さんが近頃鉄道の注意を教へた本を先生からもらって見ると色々の注意することが書いた中にも最も注意すべき事は線路を通行したり線路中に石や物をおくなと、また気車〔ママ〕が通る時に石をなげたりこういう不徳なことをするものは死んでも心配がありませんと書いていた。人も学ばなければ何事もわからないけれど満鉄から吾々に注意させたのを見たから規律はたいがいわかる。吾威安にも馬晋鉄道が出来るのでこの本を見た以上は注意するがよろしい。鉄道は人間に対して必要であるのになぜ不徳な心をもっているのか。

達奎

綴方と云ふものはよく作れば面白いものであるが趣味を付けないと面白くないです。私も初め此の学校に来た時は国語を知らなかったからきらいであったけれども此の頃は少し面白みもあって綴方の時間が来ると本当にうれしいです。又ある時間など先生が昔の人の詩をよむと私もあんなに立派に作ってみようと云ふ心が起ります。その時に綴方を作るとよいものが出来ます。何でもやりたい心持ですればできないものはありません。それですから、我々も益々勉強して趣味を付けて前より一そうよく作る様にしませう。

紅葉

風に吹かれてとぶもみじ。人々の心を清くする
そよ〳〵おこる北風は　もみじをつれて散歩へ行く
もみじはいそいでひら〳〵と飛行器《〔ママ〕》の様にとび上る
それをみている私はもみじの様になりたいよ。

安快龍

三四年から好きでありました。五年に上っては私作文といふとほんとに面白くなりました。外の学年が作文の話をしても私はその作文にとって面白い話もします。作文の時間が来《〔ママ〕》となによりもうれしくて外の生徒より心のことが先にあらわれる様に作って一つ先生によむで聞かせて□ると□かと思います。何でも取って作文を作って読むと自分の考も心も紙の上にある様に見えてきます。作文と云ふものは実に面白いものです。

第四冊・一九二二年一〇月三一日

昨夜ようやく「私の試みた綴方教室」を書きあげた。これでやうやく重荷がおりた様に思はれる。そして今日は□人

にも手紙をかいた。文先生のこと金先生のこと書きたいことは多いが次にする。金先生の送別会の時生徒が酒をのんだらしい。五年生の級長にとふてみるとのまないと云ふ。六年生にきけば分るけれどそれまで生徒に対してうたがいをいだきたくない。天長節　お祝い申上ぐべき日なのだ。学校の君が代も兵隊の時□のラッパも程感じがない。祝賀会は形ばかりのものがあったけれど何処でも二次会が盛大に行はれているのには驚かざるを得ない。酒をのむであゝ愉快と云っている人の心が知れない。これが君が代をお祝しているのだらうか　もっと　もっと　心から吾々はお祝い申上げねばならない。形ばかりの祝賀会なんかよした方がどんなによいか知れない。万歳騒のことを一つ書きたいと思いついた。髪をのばして力を得た旧約の物語の人物□□□を□たものをかきたいと思っている。

十一月一日
場所　田舎の警察署の前
人物　尹鎮守　郡守　四十五歳位
群衆　田舎の農夫・青年たち
軍人　十名
時日　大正七年□月頃のある日午後三時頃

椅子机など不整頓のまゝ誰もいない朝　両班らしい鮮人〔ママ〕の一人あわたゞしく走って来て警察署の前にとまる。
「あ、巡査は誰ももういないのか。困ったことだ。今日の市日〔ママ〕があぶないと思っていたがとう〳〵やりよった。馬鹿なことを、あんな騒するだけ朝鮮人の人の為に不為になるばかりだ。かわいそうなやつらだ。今にみろ泣きね入りなれねばならんくせに」

すぐ近くで「万歳」の声が盛んに起る。
「チエッ、金のやつぐ民をまどはしやがってあゝしてあれで愛国者のつもりでいる。それはそうとこうしていては俺の身があぶない」とみまわして便所の中へかくれる。韓国の旗をもった鮮人労働者多くと青年たち酒によった赤い声して万歳々々と躍りながら出てくる。
一同を式〔指揮〕している金青年「郡守はどちらへ逃げた。此の中へ入ったことはたしかだ。へいより外へ出てはいまいさがせ〳〵」わらと警さつ所になだれこむ。椅子も机も持出してたゝきこわす。書類の箱もみにくゝれ破られて皆ちらばってしまふ
「やきすてろ」と誰かゞさけぶ「やっちまへ」と□かつけられる。いすも机も火になる。誰かゞ留置所ももうこわしてしまった、かべも破れる
「おい郡守はどうしたのだい」と又青年が云ふ
「そうだ〳〵」と□□してる群衆は又さがしにかゝる
「やこゝにいた」数名がでかくって髪をつかまへて引きずり出す。
青年「ふんでしまへ」ひとしきりふみつけられる　服は破れ、ひたいから血がにじむ
青年「おいもうやめろ」
「どうだ郡守さんもうこれ位で十分だらう。一つ吾々と韓国万歳を云はんかい。お前も朝鮮人じゃないか　いたい目もなくってすむよ」
郡守「馬鹿はやまるな！　お前等の力で何が出来る、そんなこと俺は不賛成じゃ、やめろ」
「まだ□ふんだな、えい人でなしめ　云はなけりゃ殺してしまふのだ。ふんでしまへ」云ふまもあらずけとばされる。
一同万歳々々とさけびながらふみつゞける。其処に自動車の音。

「兵隊だ、逃げろ」群衆くもの子をちらすようににげる。銃声数発。つけ剣の兵士数名入場。

兵士「うて」上に向って皆うつ
兵士「やゝかわいそうに一人死んどる。誰だらう。おいしっかりせんか」

郡守死んだやうになって「――――」

兵士「どうしたのでせう」

兵士「水のませ」□□□の水を与へる。二名の兵士金をつかまへて登場。

「班長どの主謀□□□のつかまへました」

「よしくっておけ」

郡守「万歳を誰が云ふものか　俺は不賛成じゃ」たはごとの様に云ふ。

兵士たちかをゝを《（ママ）》み合せる。遠くに銃声が一発起る

幕

綴方　趙昌奎

皆さん文を作ると云ふことはどうゆう意味ですか。綴方の中でも良い文もあるし悪い文もあってよい文は知識を得るし悪い文は知識を少し□るとは一ばんまちがいです。知識を得ることは同じことではありませんか。

靴　李文□

私の靴は二足あります。一足はゴム靴で一足は福靴であります。ゴム靴は底に穴があいています。私は毎日おとうさんにゴム靴を買ってくださいと言ひました。そして幾日かたってから大邱に行って来られました。一週間のあいだ行っておられました。私はゴム靴を買ってきたと思ってお父さんの荷物をさがして見ると福靴がありました。私はよろこん

ではいてみるとちょうどはいりました。私はあまりよろこむでハハと笑いました。お母さんが何故笑ふかと云ひました。私はあまりうれしくてはなしができませんでした。

金□文

私はくつです。私は毎日主人について行ったり来たりします。又、毎日主人が私の顔に薬をつけて私の頭を光らせます。又主人について主人の行った所は皆行って見ました。大邱や京城も行って見たし釜山や色々な所を行ってめずらしいものや色々な見物をしました。又自動車にのったり汽車にも汽船にも皆のって見ました。私の見物にはかぎりがありません。先生、五月四日木曜日の作文の時間に先生が生徒に対して皆さんは先生を問題として文を作って来いと云ひました。私はそれをきく時大層心配をしていましたがもう勉強がおわって家に来る時道を歩きながら考たがどうしても考えがよく出ない。家にまでついた。家を出てふろしきに包んだ作文帳を出して鉛筆をもって考へてもやはり前の通りでした。大へん困った。しかたがないから外へ出て見ると日はもう暮れようとしている。あゝ作文はもういやだ。どうしても出来ない。

第二七冊・一九二六年一一月一八日

Fさんと語る機会は初めて逢った十三年の夏から満二年余になる　色々語って見れば今までの女性に見られない理性的な理智的なものがある、そうした関係かも知れぬがNさんほどひどくもない。女の友人など語るに足るものはゐないと言ってゐた　なるほどFさんほど話せる人とてはあまり見られない、もつとも年齢が二十四才にもなつてゐるのだから少しはもう年寄じみてもよさそうなものだが。近づきにくい女性と云はうか　普通の娘さんよりか　つん　とした点が見られる、どの程度に進んでゐるのかはよく分からないが今のまゝの自分では機会がなくては　つき進んで研究出来るてあいではなさそうだ。つまらない好奇心が起こらぬでもないが、何しろ自分も二十五才を一期として一転期に入らふとしてゐるのだ。つまらぬ道くさを喰つてゐてはならない。曰く小作問題曰く社会問題と話は高潮されて行った。そして自分の考へてゐなかった様な問題などを与えられた。某博士の社会主義観とか言うものについても語った。それは何でもえらい力のあるものはそれだけのほうしゆうを与えられてよい、との話だった。それだけでは充分分らぬので、その筆記を送ってもらふことにたのんで置く。Fさんは感情で進む人でないから自分のもとめてゐる様な女友情が見出せる様な結果になるかも知れない。

第二七冊・一九二六年一一月一九日

生徒たちはアゴヒゲを快く思はぬらしい、先生そりなさい〳〵と言ってくれる。そう云はれて見るとそりたくなる。ヒゲをきれいにそってかみをきちんと分けて若々しい顔になつてみたいと云ふ誘惑が起る。今度朝鮮服をつくらふと云ふことに対しても　何とかきれいに若々しい姿でそれを着てみたい。そしてS・Kや□や□に見せてやりたい気がする。S・Kもそれとしきりに進めてくれた。その時よほどそってしまほうと思ったほどだ。アゴヒゲをのばしてゐると云ふことは　それだけ自分の心持をひきしめてくれる、そしていらない方面に気をくばらなくなる、女によく見てもらわうと思ったりしなくなる又他人が何と言ったって気にとめなくなるアゴヒゲのその如く　何でもかでもかまわなくなる自分はそれがほしいのだつた。人は何とでも見よ、自分はこのアゴヒゲによつて出来るだけ多くの人たちの眼を無関心に受け入れようと思ふのだ。今まで知ってゐる人は別だ。その人たちに対してはかえって見せたく思ふ気がする。今少しきることを思ひとどまらふ。何しろ山にゐる間は世話がなくてい丶自然のま丶にしておくことだ。

第二七冊・一九二六年一一月二二日

教育に出て生徒たちと語ることが何より今日の自分にはうれしいことになって来た、今までもそうであったが特に近ごろそれを強く感じられて来た。今日は修身の時間に□□と云ふのだった。自分は使命と云ふことについて語った、そして今日の不自然な社会をせめて吾々は少しづゝでもよくして行くことは　吾々が一生懸命に仲よく働いて行くこと、そしてこの心持を自分の近くのものえと　おしひろめて行くことであると言つてきかせた。理科の時間にも自分は知識としての生理学を教えたのではなくて、天地の不可思議なる神の恩寵について語つてきかせた、如何にも吾々の身体は不可思議にかくも完全に出来てゐるかを語つてきかせた、子供たちも何時も自分の云ふ神様と云ふことばをだん／＼と尊い気持で受け入れてくれる様になって来た。何とかして合いする心子供たちの上に神さまの御心をつたえ、自然の内から大き神の愛を見出させる様につとめて行きたいものだ。可愛い子供たちよ、どうか身も心もすこやかに育ってくれ。

第二七冊・一九二六年一一月二三日

朝鮮服地を買って来る。すべて二十円五十九銭になった。はじめ□□にたのみ拾六円で出来る予算であつたけれど今少しよいものを、そして自分で見て買いたいと思つたし一度に全部金が支払えぬから支那人の店で掛にして買う。そして誰にたのむかゞ問題だ。姜さんの細君が上手らしいがたのみにくかった。それを姜さんからやつてやらふと言つてくれた。ことわるのもいけないと思つてたのむ。これは元来朝鮮の試験合格のきねんと、□□の世話になった記念にと思ってゐたのだった、□□の方でもお礼の心持でゐたらしいし。それでわたは自分の家のものを使ふから計算に入れなかった。多分まつてゐたゞらふ、すまないと思つたけれど仕方がなかった。それでさっそく手紙でことわりを書く。小使の婆が先生よい着をつくりますね、結婚しますかと云ふからそうだよ朝鮮語のよく分らいねと云ふと朝鮮語が分る人がよいですよと云ふから、そして国語のよく分らいねと云ふと。三嘉の□□さんは日本語よく知らなかったいと云ふ。鄭さんと二人で顔を見合はせた。鄭さんは必ずしも話せぬ人が分らぬ人と云へるかいと言つてゐたが自分はだまつてゐた。□□が吾々とあれほど親しくしてゐたことがよく分つてゐたのだらう。賀川靴を注文する。

第二七冊・一九二六年一一月二四日

〔欄外に「□分まで小使の計算　三円二十六銭残り。」との記載あり〕

神による解放を一時間ほどよむ。キリスト者としての吾々の使命の大きいことに今さらの様に考えさゝれる。神様の御心、を思ふ時に吾々はぢっとしてゐられないのだ。自分には祈りが足らない、形式的祈りそのものを言ふのじやない祈らずにゐられないと云ふ気分を意味する。神様は　自分の様ないと小さい者にまでそのつとめを与えて下さった。若い日から神様を知るものとして選ばれてゐながら何時までも自分は何をしてゐるのだらう。自分のもってゐる力がどれほど自分の接する人たちに影響を与えてゐるだらうか無意義な存在であることは動物的生活にすぎないのだ。少しづゝでもよい今少し力あるものとならねばならない、もっと〳〵努力がいる、もっと〳〵反省がいる。修養がいる。祈りがゐる。天子よりもって庶人に到るまで一つに身を修るをもってもとゝなす。今更の様に中庸のことばが思ひ起される。

第二七冊・一九二六年一一月二五日

昨日は思ひがけなく郡の人たちが四人もやって来てくれた。いろ〳〵面白い話も出てにぎやかだった。朝鮮語の研究と云ふ事が急に皆の人々に起って来たことがうれしい。それ〴〵講義録の読者であることもうれしい。姜さんと二面打って皆勝った。六目でどうしても勝てなかつたのに一昨夜も一回勝った。今日も学校で生徒に話してゐると黒と白との服が碁石に見えて仕方がない。それほどになって来た。今少し研究すればまだ進歩するかも知れない。うんとまあやって見よう。それはそうと今日も図書館と云ふ教材を扱って読書と云ふことについて語って聞かした。そしてあまりに読まない近頃がさびしい。

第二七冊・一九二六年一一月二七日

吉田博士の講演の一部より

差別化の道程は申の平等へ到達する。故に割合の平等が生まれてくる。此処に貧富の差の生じるは当然である。現代の社会は合理的ではない。均等なる機会が与へられたる上の貧富の差別が生じたのなれば其れは合理的なものである。教育上に於て均等なる機会が現代人に与へられない限りは現代の社会のまゝに不合理である。如何なる人にも均等に教育されなくてはならぬ。経済生活と精神生活とか併行せられたなれば其処に凡てが解決せられる。差別主義は真の教育を離れた時には人類を堕落せしめる。

福山さんから先日話をした吉田博士の話を書いて送って来た。今あらためてそのことを考へされる。何時も自分が自然と云つてゐた点を言ってある様だ。もつとも自然な機会が与へられた後に起ることなれば何ごとも不平はなくなるのだ　而しこの説によれば均等な機会と教育とがほどこされて起る差別は当然であり貧富の差も起るがそれはそれ「それ」の自由に進んだ結果なのだ。努力が足らなかつたのだ。もつて生れた知識が性格が人におとつてゐたからだ　それで貧しくてもつまらん位置でもがまんしてゐるのがほんとうだと言ふことらしい。田子先生の話に今日自由思想の存するかぎり貨幣制度の存するかぎり社会事業の必要は益々起って来るとの話だった。吉田博士の貧富の差の起るは当然であると云ふ議論は今の貨幣制度を最良の方法とみとめてのことであるらしい。社会分配の方法から見てもどちらから見てもこの制度のあるがために貧富の差が起って来る。一例をあげよう。貧しい者は医者にかゝれない。金が足りないから医学なんて云ふ今日の文明は決してこれが金の多少によって生命の問題でありながら論ぜらるべきものではない。それが今日の貨幣制度と云ふものが存するかぎりそうなって来る。吉田博士はそれを貧乏人はだまって死んでしまえ、えらい者だけが生存競争の結果残ると見られるのか知ら。その点が又自由思想のあやまった点である。自由に平等に与えられた機会を取りにがしたものは困ってしまって極貧になるまで助けるのは、それは彼等の自由をそん長する所以である、と云ふのだらう。

福山さんへ返事

私たちの粗雑な頭で博士なんて名のつく方の思想を批はんして見ると云ふことがまちがってゐるかも知れませんが考へさしていたゞきます。もと〳〵私はまとまった博士の説全部を云々することは出来ません。挙げ足を取ると云ふ様な意味でなしにあの筆記の中の私に了解の出来ぬ点を考へてみます。第一、富の問題です。博士は今日の貨幣制度をみとめられてゐることゝ思います。貧富の差なんてものは貨幣制度の結果でありますまいか。　これが根元のあやまちです。富を得ると云ふことが、自由に均等に教育の機会等も与へられた後には各人の力次第でどれほど得ようと当然のことである。努力の結果なのだからと云はれる様です

一、財は労働によって生ずる

二、自分の労働は自己に属する

三、故に自己の労働によって生産された財は自己に所属する

なるほど当然すぎる様な三段論法であります。前の手紙に書いた通りです。(二) 此処に大きい誤りがあります。社

会にあっては個人の労働または努力は社会的環境によってのみ実現を可能にされるものであります。自己の努力の背景に社会のあることを無視することは出来ません。社会主義のある一派の人々は、生産品が個人に分配される前に先づ社会の所有に帰する様にして、その内から社会に存する労働不能者に対する養育扶助の費までも取り去り（ぜい金などは無論とり）その残りを労働者に与へると云ふてゐます。貧富の差、割合の平等と云ふことがどんな意味を示してゐるかを又私は考へさゝれます。富と云ふものが何に使用されるべきものでせう。博士の説によればどう見ても働きのあるものが富を得、自動車に残り：あらゆる文明の利器をせん有することをぜにんされてゐるのじやないでせうか。

割合の平等、どうせ皆が同一の文化を利用し得ぬとすれば働きのあるものがそれを利用しなまけものは利用する権利はない　と云ふのでせう。それでがまんせよ　それがほんとうだと云はれるのでせうか。もし貨幣制度がなくなれば貧富の差もなくなります。必要がありませんもの。今のまゝの貨幣制度を是任したとしても私たちにはどう考へても富んだものが富によって特別な幸福をせん有すると云ふことが正しいとは思えません

第一この博士は人格の価値をその人の働きに如何、社会の対してどれだけの仕事をしてゐるのかに□かれてゐるのがまちがってゐます。この社会に生まれた以上何人でも日常生活に必要なものだけは与えられねばなりません。ある一部のものが贅沢に生活し得る前に、此の社会に生存してゐるすべての者が必要なものだけの与　えられることが承知されるべきものです。働きの差によって地上の生存権に差が起るべきものではありません。

私は今日の文化を人間がつくりあげたもの　そしてそれを受けるに値するもののみがその文化を享楽すべきものと云ふところが誤りだと信じます。すべては神様が人間に与へて下さった力によって出来上がった文化です。お米を誰もが食べてよいと同様に、空気を誰がすってもよい様に、今日の文化の恩恵を　誰もが受けてよい筈です。決して父親は子供たちにその愛を働きによって分けはしません。夕食の時には誰にも同じお魚を分け与えるでせう　キリストは私たちにほうとう息子のたとえ話を教えて下さいました。田子先生の講演に、今日の自由思想と貨幣制度の存するかぎり益々

社会事業は必要だと云はれました。吉田博士のそれが自由思想です

平等の機会と平等の教育とがほどこされて尚も貧乏するものは当然だと云ふのではないでせうか。それがあやまってゐるのだそうです。今日の日本の法律も自由思想で出来てゐるので今欧□にせまられてゐるそうです。私たちは何も、全部が船長たり運転手たらんとするものではないので す。船長には船長の責任がありませう。大きい船を支はいしてゐる努力も大きいでせう。けれどそれが故に多くの自由な時間と多くの金とを与えられて社会の文化を自由に享楽せよ（富んでよろしい）と云ふ点が承知出来ぬのです。船長になるには船長になる能力をもってゐます。□□その能力で社会の仕事にたづさわってゐるのです。社会に奉仕してゐます。火夫はその強い体力でもって人の普通の人の苦しくてたえない船底で働いてくれます。すべてそこに何の差があるでせう。火夫もまた船長と同様に彼に必要な生活めん充分なる分配を与へよと云ふのです

［ノート枠外に「此処に私は人格的差と云ふものを見出し得ません」との記載あり］

火夫がゐなくても同様船は進みません。船長のもつ能力は尊敬されてゐゝでせう。それを（その力を）保つだけの特別な注意が社会から　払はれるべきものです。そこに貧富の差も人格の差も何も起らぬじやありませんか。ロシアでは誰をも兄弟とか仲間とか云ってよびかけるそうです。ロシアの制度は知りません。けれど誰もが兄弟よと呼びかける気持、その制度　私のもとめてゐるものです。むろんそこには色々複雑な方法や制度の必要が起るでせう。とにかく吉田博士の合理的な貧富の差なんてものはあり得ないことです。それはブルジョアーの自己□□にすぎません。

又一面どうして自分だけが富んで力の足らないものが貧しくて困ってゐるのを自分と同様な生活をなし得ないのを平気で見てゐられるでせう。いや見てゐるばかりでなくそれが当然だなんて考へられるでせうか。そこが自由思想のあやまりのはなはだしい点です。さらに各人の持つ能力の差とか性格とか色な点について起る差を何と見るのでせう。吾々は母をえらんで生れることは不可能なことだそうです　そこに生れた人間に貧しくなる性格があった時にその責任を生

れた人間に負はしますか　又は親の責任が子に及ばぬと云ふことは今日の法律に於てさえ認められてゐることです。

遺伝の多く　それをどうします。死は人為的に自然と悪遺伝をもったものは子を産まない様になって行くと思います。産児を制げんすることが神の御旨ではないと一部の人々は言ってゐますが私はこうした場合にそれは神様の御旨だと存じます。今に法律に於てみとめられる時代が来るでせう。私の考へ方もだん〳〵熱を持って来ます。けれど何時までもこの思想を捨てないでみがきをかけて行きます。

土日の「雲の柱」に香川さんが台湾の二の太陽と云われる神話を例にとっています。それは二つの太陽では暑すぎるので一つを射落とした。それがとても遠いところにあるので若者が子供を負って太陽を射る旅に出る。途中で若者は老いて死ぬるがその子供たちが成長して太陽を射落としたと云ふのです。私の一代や二代で出来ぬかも知れません。私は毎日の授業に出る時に小さい子供たちに少しづゝ私の思想をつたえてゐます　修身など本にある目的以外のものとして語られる時もあるほどです。わたしはぢっと同志の多くなる時をまってゐます。私が死んで後であらうと何時かはその時が来る筈です。一時私は自分の思想がどうしても入れられないと云ふ結論に達した時はこの社会へ住まない恋人（私にはありませんが）と二人で自由の天地へ行って働くと云ふ空想を画いてゐました。而し私の精神はそれほど情的でありません。冷静に考えてゐます。このまゝすべてを受け入れてぢっとぼつ〳〵と時期を待っています。玉となってくだけることとの出来ぬ私です。

南米行き。私も考へたことがあります。私の弟は知利にゐる従弟とその一族をたよって行きたがってゐます。けれど私は行くのをとめてゐます。私自身としては朝鮮語も少しづゝ分かって来ましたし、今の様子では朝鮮を理解して行けそうです。今までの努力のすべてを捨て、自分だけの天地へ行く気になれません　石の上に三年と云ふのが私の求めてゐるところです。平凡な私はせめてなが〳〵とおなじことをくりかへしてその積を大きくしたいと心がけてゐます。前低地で教へた子供たちの内で四五人は私を誰よりもたよってゐてくれます。私はその人たちのために一生を働きつゞけても充分だと思ってゐます。その数人の希望にそふ様な自分をとでも云ふのが私のもっとも小さい理想でせう。今一つ加えれば私をたよりにしてゐる両親のために弟たちのために生きて行きます。結局それは人類のためにと云ふ様な結論となりそうです。私の色々な思想の起るもとはごくこの少数な人たちを愛することによって起って来るのでした。

一人を愛せよと云ふのがわたしの児童に対する心持です。一人を愛して行ければ私には十分です。結局私はすべての児童たちに愛されて来ました。南米へ土と親しむ生活、あらゆるつまらない社会と習慣とからのがれて。移民は人間を強くすると云ふことばを十四五の頃よんで感じたことがあります。新しい土地にあらゆる旧習を捨てゝほんとうの自己を発揮させて働くと云ふのでせう。その意味に於て朝鮮の生活もある程度まで近いものがありますが、内地人が多くなるにつけてそれは打ち壊されて行くでせう。又、そのよい方面でなく悪い方面に進んでゐる様な気もします。

南米へ行きたいと云はれる心持には文明なシゲキにあきられたと云ふ意味がありはしますまいか。私の様にヒゲがはえて来るとそうした苦が少くなって来ます。私も三十才にもなれば今少し気分がほんとうに楽になるかと思ひます。私はこれを「アゴヒゲの哲学」と云ふ一つの思想としてゐます。今の世の中は変人か馬鹿か偉い人でなければ人間らしく生きては行けません。私など変人にもなり切れず馬鹿にもなれずさりとて偉人ではなしこれで俗気をふんぐとして見にくい山の仙人になりそこねました。南行へ行くも　私の朝鮮の山に止まるも　それ〴〵その道へ真剣につき進むことを神様はよみされるでせう。あちらへもこちらへも皆が進んで行くのですな。そこに一つのまとまったものとして出来上がって来るのでせう。

互いにぼつ〳〵あせらずいそがず神の御国建設のために祈りませう。

第二七冊・一九二七年一月

朝鮮服を着てみての始めての旅行。誰もがよく似合うとよろこんでくれた。内地でも叔父さんたちはそれでこそ朝鮮人になってこそ朝鮮の教育は出来る、うれしく思ったと云って下さる。あらゆる点に成功した。けい事にしらべられるよと云はれたが　なるほど朝鮮服の故に巡査にとがめられること前後十回になる

第二九冊・一九二七年五月三〇日

二十八日朝昆明発。咸安で二時間ほど遊ぶ。晩七時は　頃　東莱着　四郎さんに逢

〔上段余白「二十八日日本文学全集□七回送金ズミ」〕

二十九日朝八時、釜山に後藤先生を迎ふ。午前十時より二時半まで知事官舎で会合。三時より知おん院にて相互修養会。五時頃より三宅さん宅。八時から2時までFさんと語る。九時頃よりMさんと町へ買物。十一時すぎから午前三時まで語る。

三十日十一時五時から床の中で語る。午前十時Mさん家を出発。午前十一時五十分も列車車で出発。午后五時昆明着。以上　釜山行きの日程なのだ

〔上段空白「咸安で」〕

成安はさすが前任地。大変なつかしい。駅からの自動車の中で一寸気のきいた青年が名刺を出して話かけた。何と思ったかしらない。少なくとも朝鮮人で相当話せる人間と思ったらしい。まあ主義者か何かと思ったのだらふ。一寸話しながら名刺を出す。日本人だつたか　とおどろく。到着駅まで向ふは朝鮮語で言ってゐた。一寸ならこれでいよいよ朝鮮人になれると思った。帰りに五鳥山から少し来たところで兵頭課長らしい人に逢ふ　つれの人にきいてみるとそうだと云ふ。それで挨拶をした。その后で□車へ行くと云ふ人□朝鮮語で一寸話した。するとしばらくしてそのつれの人が

朝鮮語で話しかけた。さきほど国語で話した人だのに。後に分ったことだらふがいよいよ自分はこれで朝鮮人になれたらしい。馬山から三浪津までの中で金奎に逢った。うれしく語る。そして話からS・Kのことに及ぶ、それで噂さのことを話してみた。知らぬと云ふ。而し彼だけでも　その点を了解してくれると　いいと思った自分が悪いから　云々と言ってゐた。　そうすると彼自身でもらふつもりがあつたのかもしれぬとも思へる

〔上段余白「岡部さんに逢って」一〕

四郎さんは例によってよろこんでくれた。そして他の先生と義論したことを自分にうつたへる様に語ってきかしてくれた。説明してやる。四郎さんは釜山から帰ってから後のことか知らないが自分は何だか少しもぢっと落ち付いた気分になれない。

第二九冊・一九二七年六月

〔上段余白「近頃の気持ち」〕

これではだめだと思っては見るものやっぱり落ちつかぬ。何もしたくない気分とはこれを言ふのかもしれない。ぢっと静かに考へる時をもてば落ちつけるかも知れぬ。それにしても明日□家へ帰ると云ふことがやはりいけない静けさを破ってしまふ。明るい気持ちよい気持ちをもちたいと思ふ。手紙など少しも書く気になれない。これは一つには　何ものかなさねばならぬと云ふ自分の弱さに対しての暗示からだと思ふ。夜などいくらねむくても十一時より前に床につく気にはなれぬ机にもたれてうつらうつらしてゐてもそれでも床につこうとはしない。今少し大きい心の持てるものとなりたい。その時こそヒゲがそれるかも知れない。

〔上段余白「結婚」〕

S・Kを愛する気分。Mさんに対する気分。もし結婚したら二人とも別々な意味で幸福であるかもしれない。それを自分は何故どちらとも結婚しないと言ふのだらふ。結婚と云ふものが決して感情のみで進むことは許されてゐないのだと云ふ自分の気持ち、だが結婚しないと云う心持にはやっぱり不自然のものがありはしまいか純な気持ちになれてゐないのじやないか知ら。もっともっと□へるだけ考へることが出来て其の上でも尚と云ふなら仕方もないか。少なくとも今の自分の気持ちは愛とか何とか云ふものら□他のものをより多く口出してはゐないか知らそれが親しさより起つるものにしろ愛には何等変りはないのだ。けれど結婚と云ふことが自分たち二人だけのことでなくちゃ一社会へ対してのことでありその結果は生れる子供に及びその上親兄弟にまで何等かの影響を及ぼさずには置かないものだ。であるが故に彼の女だけにしか見出せぬと云ふ愛情でないかぎりやはり感情に走ることは考へものかも知れぬ。

〔上段空白「大化新政」〕

小学校から今日まで三度習ひ二度教壇で生徒に語った。先日、土地国有のことを話すと、先生今日それは出来ないことでせうかと子供たちが言った、それは決してそう云った一人だけの気持ちではなかった。自分の小さい頃そんなことは何とも思はなかった。中学に入学して後にも誰一人そうした質問をするものは無かった様に覚えてゐる。それから咸安での時はどんな気分で教へたかそれさへ思ひ出せない。その時自分にも何も感ぜずに教授したのかも知れぬ。今回始めて生徒の口からそれをきかされた。朝鮮の田舎の子供たちがどれだけそれを感じてゐるかが分る。それほど地主と小作人の問題は深く子供の頭に入ってゐる。現実な苦しみとなつてゐるのだ。自分たちは何も知らずに中学時代も過ぎた。そして始めて教壇に立つた時もそれを考へたことがなかった。何だか今日まで自分に歴史を教へてくれた人も何等そのことを考へてゐなかつた様だし自分もそれをよほどおそくまで考へてゐなかったと云ふことになる。こうした上調子の歴史教授が修身教授が今日行はれてゐるところに人間の生命のある教育がどうして行はれて行けよう。大化の新政を農民たちは知りもすまい。而し知った場合にこの子供たちの様にそれが出来得ることとならとす□考へるだらう。それがほんとうの要求なのだ。大化の新政を皆はまちのぞんでゐる筈なのだが要求は割に起らぬ。他でもない教育する立場の人、指導者に立つ人たちが少しもそれを感じてゐないのだ。そして戦に文字の歴史を習い文字の歴史をそのまま口から授けてゐるにすぎないのだから。如角の大化の新政も何時になったら農民全体にほんとうに分る時がそしてそれは農民の自覚によって必ず得られると云ふことが分る時が来るものか知ら。何だかおぼつかない様な気がする。今日の時代が切ぱくして来たが故に子供の口からそれをきいたのか。それとも自分の眼は前より少し開けて来たがためにそれが見えて来たのか。どちらか知らない。着実な人間よ、どうか生れて来れろ。自分の結婚もそうした気分のおおせいな女と結ばれたなればよいかも知れぬ。社会を改革し□る熱のないじぶんはせめて改革者の父にでもなりたい。

教育労働者組合事件の判決（一九三一年九月一五日　朝鮮総督府高等法院検事局思想部）

〔国家報勳処功勳電子史料館（韓国）所蔵の資料より抜粋〕

一　事件の経過概要

昭和五年十一月二十九日京城師範学校演習科在学中の趙判出に宛て上甲米太郎及西村節三から書信（別紙）配達され其内容を見るに容疑の点あり直ちに趙判出を検挙し次で東京に於て山下徳治、西村節三を、慶尚南道泗川郡昆明に於て上甲米太郎を、京城に於て右師範学校演習科在学中の菊池輝郎を夫々検挙し取調をした処、山下徳治は昭和五年八月十九日浅野研眞其他の者と共に東京市に於て新興教育研究所を創立し其事務所を東京市神田区神保町神保町ビルディング内に置き「プロレタリア教育の研究建設」を名とし月刊雑誌「新興教育」を発行し所員たる西村節三と共に右雑誌に依って教育者に対し共産主義の宣伝に努め教育労働者組合結成の機運を促進せしめて共産主義の実現を図らむとし趙判出、菊池輝郎は雑誌「新興教育」を創刊(昭和五年九月)以来購読し其趣旨に賛し趙判出は普通学校在学中教を受けた上甲米太郎に之を通じ上甲は晋州に、菊池、趙判出は京城に新興教育研究所の支局を設置し之に依って同志を獲得せんとし、昭和五年十月二十八日菊池、趙は京城師範学校修学旅行隊に加はり晋州に赴き上甲と会い其実行方法に就いて協議し以来上甲は西村節三と連絡をとり雑誌「新興教育」を晋州公立普通学校訓導山田鉄男、李華俊、趙明済、朴麟浩、泗川尋常小学校訓導寺島秋男、武州公立普通学校訓導中西勝三郎、玉東公立普通学校訓導小川隆義、二班城公立普通学校訓導藤城友信、昆陽尋常小学校長増田多満亀、会寧尋常小学校訓導藤川福右衛門等に郵送し、同人等を誘引せんとし、又菊池、趙は同校生徳田明、呉聖俊、谷本三男子、三坂直、外数名と読書会を組織し趙判出は西村節三と連絡をとり其運動の進展を策して居たことが判明した。

事件は子弟教養の重任を有する教育者の赤化を図り其立場を利用して純真なる子弟に対し階級意識を注入せんとするが如き国民思想の涵養上真に寒心すべきものであり朝鮮に於ては未だ其例なく社会の耳目を聳たしたものであったので昭和五年十二月二十七日山下、西村、上甲、趙、菊池の治安維持法違反の所為につき予審を求め其後昭和六年八月八日京城地方法院予審に於て何れも有罪の決定あり同年十一月二日第一回公判、同月四日第二回公判、同月十九日第三回公判、同月二十六日同法院に於て次の通り判決が下り山下、上甲は之に対し控訴し目下京城予審法院に於て審理中である。

懲役二年　　未決勾留五十日通算　　(保釈中)山下徳治

同　上　　　　同　上　　（勾留中）上甲米太郎

懲役一年但四年間執行猶予未決勾留五十日通算　（勾留中）西村節三

同　　　　上　　（勾留中）菊池輝郎

同　　　　上　　（勾留中）趙判出

二　被告の身上調査、其思想

山下徳治

幼時から基督教を信仰し、家族は妻と長男（一四歳）のみ資産約五千円。大正二年三月鹿児島師範学校を卒業し五年間鹿児島市西田小学校に奉職し後台湾阿猴小学校に転じ大正九年十月沢柳博士の招聘を受け東京成城学園教師となり其間大正十年四月東京市神田区三崎町独逸語専門学校に入学し大正十二年三月同校卒業。直ちに独逸に留学しマルブルヒ大学に於て哲学、教育学、神学、心理学を修め大正十五年十二月帰国し、成城学院高等学部独逸語講師、同小学部主任となり昭和三年四月東京目白自由学院に転じて今日に至る。尚ほ昭和三年十一月から昭和四年三月迄後藤新平よりカメネフ夫人、ルナチャルスキー等に対する紹介状を貰ひロシアの教育制度視察の目的を以て、モスコー、レニングラード等に赴いたことがある。

思想――予審に於ける本人の供述――

社会主義及共産主義制度に就ては詳しいことは知りませぬが一般的に申上げますとブルジョア革命が政治的解放を意味し、プロレタリア革命が経済的解放を意味するものだと思ひます。私有財産制度に付いては人間学から見て各人の能力の差異、仕事の難易等により其質及び量に応じて報酬も自ら異ならなければならぬと思ひます。そしてその報酬として与へる事実と働く能力のない者に対する生活に必要なものを与へる事、並に与へられたものに対する保障は確実でなければならぬと思ひます。即ち各人の生活に必要なものは酬いてやらねばならぬのでありますがそれは現在の資本主義社会に於ては十分に行はれて居らないのであります。結局私は共産主義に対しては十分の理解がないので私有財産制度と比較する事は出来ませぬが現在の私有財産制度は以上の如き不満な点がある事と思ひます。

西村節三

家庭には父母、兄二人、弟三人、姉一人、妹一人あり、父は本籍地にて約一万円の資産を有し、呉服店を営む。大正十一年三月本籍地の小学校高等科を了へ大正十四年四月東京青山師範学校に入学したが昭和二年十二月脚気病に罹り退学、帰郷し、其後は郷里で教員検定試験準備に努めて居た。昭和五年十月就職口を求める為東京に赴き山下徳治を訪ね同人の斡旋で新興教育研究所に入る。

思想——予審に於ける本人の供述——

共産主義に付ては深く研究したことはありませぬから、全部肯定することは出来ませぬ。一部に対してのみ、肯定するのであります。私有財産制度に付ては同理論を認めない事自体が共産主義理論の様ですが、私は之を全然否定すると云ふ事はいけないと思ひます。大資本が個人的に運転される事は社会生活に悪影響を及ぼすものと思ひますから大資本の個人集中はよくない様でありますが社会的に大した影響を及ぼさない財産については私有財産制度を認めねばならぬと思ひます。

上甲米太郎

基督教信者にして家庭には母、妻、長男、弟一人あり、不動産約七千円あるも亡父の債務約三千円あり本人の俸給に依て生活す。大正九年三月愛媛県立大洲中学校卒業同年四月渡鮮、京城の教員養成所に入り大正十年三月卒業後一年現役兵として入営。大正十一年四月除隊後慶尚南道咸安公立普通学校訓導拝命、大正十三年九月治炉公立普通学校長兼訓導となる。大正十四年四月陸軍歩兵少尉正八位に叙せられ昭和二年四月昆明公立普通学校長兼訓導となり現在に及ぶ。

思想——予審に於ける本人の供述——

私は基督教の信者である関係から従来より基督の天国を求めて居たのであります。それが或いは共産主義に近いものか知れませぬが兎に角其点から見て現在の資本主義社会に於ける資本主義的教育に疑問を持って居たのであります。皆がもっと幸福になる様な教育即ちプロレタリア教育が私の目標でありました。

菊池輝郎

家庭には父母と妹二あり。父は普通学校々長を奉職し別に資産なし。大正八年四月福島県伊達郡長岡村尋常小学校に入学し、大正十二年十月父と共に渡鮮。清津尋常小学校に転学し、大正十四年三月同校卒業同年四月京城師範学校に入学現在に至る。

思想――予審に於ける本人の供述――

私は映画が好きで其の批評に関する書を盛んに読みましたが、昭和五年五月頃からは芸術に関する書物を読む様になりました。そして之を研究するには、社会科学に関する知識が必要でありましたので、社会科学に関する書を読む様になりました。左様な関係で昭和五年九月頃から興味を持つ様になったのであります。以上の様に私が社会科学をやり初めた直接の原因は芸術の書を読む様になったからでありますが、尚其外に生活に苦みがあったのです。私は京城師範普通科一年の時から寄宿舎に居りましたが腕力ある上級生から随分苛められました。又映画に興味を持つ様になってからは小遣銭が不足でその事から父と衝突し父に勘当された事もありました。之が社会科学をやる遠因ともなるのであります。

私は共産主義は社会が公平になって不満を充す事が出来るからよいと思ひます。私有財産制度に於いては資本家の独占になって貧富の差が大きくなるから其点に於いて共産主義よりよくないと思ひます。

趙判出

家族は兄夫婦及甥三人あり本籍地にて農業を営む資産なし。

大正十四年三月咸安公立普通学校卒業後直ちに京城師範学校に入学し今日に至る。

思想――予審に於ける本人の供述――

私有財産制度に就いては貧富の差が甚だしくて不公平だと思ひます。反之共産主義は公平になってよいと思ひます。之点に就て社会の終局の目的は共産主義ではないかと思ひます。今の社会を少しづつ改めて共産主義社会に近づけて行く事が一番肝要だと思ひます。

〔三、四、五、六略〕

五　証拠物其他〔本書では上甲米太郎が交わした手紙のみ収録〕

趙判出より上甲米太郎に宛てたる手紙

原稿用紙がなくなっちゃったんで、昔の（僕の三年の時の）用紙をトランクの底からほじくり出したんです。今般おそくなりましたので、こんなセンチメンタルな用紙で甚だ失礼ですけれど御勘弁下され度御願申上候。実は小生あの電報為替（銀行）は一つも経験がなかったのであの電報の後に小切手か何か来るものとばかり思って待っていたのです。ところがいくら待っても来ないんでせう。聊か心配になってとうとう御手紙を差し上げた次第なんです。当方にも歴とした商業の先生が御座るのに聞いたって、てんで知らないんです。それで僕今日の二回目の電報を受け取って早速商業の本を開いて見たらちゃんとありましたよ。今日は時間がおくれて駄目、明日取りに行きます。とに角理論をぬきにして僕は感謝し敬意を表します。いろいろ考えて見ましたが善と言ふものは文句をぬきにして善であって絶対であります。僕の電報の方が早いでせう。

×　　×

過日本町二丁目カフェーホワイトランチに中島君子さんを菊池君と二人で訪ねて勿論コーヒー一杯で話しこんで来た。同士と会って語るのは実に愉快なものだ。中島君子さんは九州、博多の産、内地にいて労働党を支持し大山郁夫氏立候補（今日大山は我々にも裏切るかの如く言はれているが我々は斯ることを言はないで少しでも強く団結がほしいものだ）した時には街頭で応援演説を女闘士で仲々しっかりしたものだ。今でもスパイ奴がダニみたいにくっついて困るから御互の交際は文の上ですることにした。何でも今月一杯でカフェーは止めて保険の何かになるとのことでした。

僕の同志は（級内の）今四人です。僕に菊池、それから呉聖俊、徳田明の四人だ。この四人はとても団結してゐます。卒業したら教育組合の為には皆一肌ぬぐ覚悟でいます。教員は割合に自覚（真の意味に於ける）の足りないものが多いんですから骨は折れますが、僕等が出てから五年と経たない中には相当物になるだらうと思ひます。先生は一つ今から大いにやっておいて下さい。僕も五年は無事でしたらみっちり勉強でもして其間教員組合でもやって——それから階級闘争の第一線に立たうと思ひます。

我々の社会は必ず来る、今や山から石がころげ落ちつつある。これが谷底に到るのは必然だ。いくらブルジョアが必死になって頑張っても、もうどうする事も出来ない。しかもこの石が谷底に到る時間を早めるのは我々の務めだ。三十分を十分に否五分に、或る先覚者は私に言ふた。「我々の社会は三十年内には必ず到る」と。ブルジョアも昔から正義が勝つとは教えてゐる。勝味は我に九十パーセントあり。

南鮮旅行は十九日よりですが晋州着は何日になるか知りませんが追って御知らせ致します。

電報でも打ちませう。

×　　×

新興教育の十月号の読者欄に「朝鮮桜井××」としてあるのがどうも先生らしいと菊池君と二人で言ってゐるんですが、さうじゃないでせうか。僕もこれに未熟のものながら十二月号までは是非何か一つ書かうと思ってゐますが何ごとも旅行がすんでから。

×　　×

大山さんは今東京に行ってゐられます何事か知りませんが今明日帰へって来るでしやう——また御便り致します。

では、又

一同志　より

同志

上甲先生へ

趙判出より上甲米太郎に宛てたる手紙

〔一九三〇年一一月一一日〕

急に寒気に見舞はれ当惑致し候。当地は初雪はすでに一週間も前にあったし今日は零下五度と言ふ寒さ、洵に縮こまる程に候。菊池、徳田、両君壮健、小生亦壮健お喜び下され度候。

今一つお喜び下され度候、それは我々の同志を獲得したる事に候。我々の室にて度々議論致し左右伯仲して論戦致し候、その度毎に我々は常に勝利を占め右翼の連中を何時も顔色なからしめ居り候。今にては我室にて社会主義に対して疑惑を抱くもの一人もこれなく、皆自己のあやまれるを悟り、或る者は現実逃避を意識的に行ふを宣言し、或る者は「結局俺は勇気がないわけだ」と言ふて自覚し諦め居り候。最も重大な面白く愉快なる出来事は、我室にて最も反対者と目されたるものを完全に説伏し、小生静かなる所に誘ひ遂に我等の門に降ることを言はしめし事に候、昨夜菊池君も一緒に誘ひ三人して大いに語り、小生の所持せる書物を与へて今熱心に読み居り候、追って紹介致すべく候。

この外三人を完全に説伏せしめ候。一人は観念論の陣営内に煩悶し居りしものを菊池君と二人してとうとうその非を悟らしめ、これ又新興教育を読み居り、もう一人は絵画（鮮展も入選せし腕前に候）をやるものにて新境地を開き、今はプロレタリアの立場より更生せりと喜び居り候。もう一人は普通科四年にて後継者として選定致し候、まだ初歩にて、我々の導き方によるべく候。一週に一度以上は必ず集合して懇談致す心算に候。

貧乏物語に河上氏も曰く。如何に大衆的闘争が激発されても、そして又大衆はかかる闘争を通じて次第に教育され啓蒙されて行くとしても、それは自然発生的傾向に放任してすてては必ずブルジョア的イデオロギーに捉はれるに決まってゐる。と放任は危険に候。

今のところ志を同じゅうするもの八人因れば先生とも連絡を保つべく候。仲々に面白く愉快に候。馬鹿に非ざるものは話せば分るものに候。追って状況を報告致すべく候。読書会とでもして会を持ちたく存じ候、菊池君は仲々編輯には長けて居り申分これなく候。表面には表はれることこれなければ御安心下され度候。

先生も原稿（田舎の状況、統計、所感等の研究）を御送り下され度候。四五日中には具体案を作りお送り致し御批判を願ひ度存し候。揃って慶南にでも赴任致せばと存じ申候。大山氏は一週間も前また東京に行かれ二十日頃にならざればお帰りになるまじく候。用件の内容は存ぜず候へども二回に亘る東上何かある事を予想され候。労農党に関係せるものの如く候。近況お知らせ下され度候。

同志達鶴首して待ち居り候。

同志卞并来より

同志　上甲先生へ

趙判出より上甲米太郎に宛てたる手紙

〔一九三〇年一一月二一日〕

お手紙拝見致しました。未来の同志が生れたそうで我々同志一同御祝ひ申し上げます。その後健全にお育ちのことと思ひます。早く大きくなったらいいなあって皆言ってます。同志でしたら一人でもふえた方が我々には心強いんですから未来に属しますが立派な闘士になる事を祈ります。伊利一――これも賛成です。

大山さんはまだ帰って来られません。新興教育の十一月号は手に入れました、本屋に堂々と出て十日以上も経って発禁とは如何に彼等のやり方がルーズかの一証拠ですね。日本に於ける教育労働者組合に就ての一考察の渡辺氏の論文は読みました。最後の組織のところは大いに我々の仕事に参考になると思ひます。「教育組合が出来たら次は巡査組合だ」と言はれるやうに教員はあくまで超階級的神聖な存在として醒めることのおそいのがしりから二番目であるだけに現在の我々の仕事は仲々花々しくはないかも知れません。

実際僕と一緒の鮮人生徒にしたって、みんな完全なブルジョアの代弁者となってゐます。全くあきれる程です、又我々は花々しい結束を予想するのは性質から間違ってゐます、蔭からじりじりと彼等の堅城を侵略してやるんですね。我々のグループ、今のところ異状ありません。そして研究会と言ふやうな形を持つと言ふことはどうしても必要ではないかと思ひます。折角その気持になっても、弱いために環境に支配されて、ついブルジョア・イデオロギーに溺れて仕舞ふんですから。我々は最初はどうしてもアヂプロで行き次に信念を持たすことは研究会を通じて意見の疎通をはかることによって可能ではないかと思ひます。

「第一線」と言ふパンフレットを出して自己の位置を自覚せしめやうと思ひまして今月中に一回出すことにしました。月に三回位出して各自の「ノート」代りにもなるやうにしやうといふ意見です。先生のと一緒に仕様と思ひますがそちらの原稿をまとめて送って下されば出版はこちらで引受けます。この雑誌の発行については是非先生の意見をうかがひたいのです、これは押入の中でやるんですからバレることは絶対にありません。この点御安心を願ひます。呉々も御安心の程を。

エス語講座の第一巻はおわりました。先生お取りにならなかったら送ってあげてもいいです。中々面白いものですね。やたらに使ってみたくて仕方がありません。でも六ヶ月もしないと、ものになりさうもないです。僕が京城にずっとおるのでしたらロシア語もやりたいんですが（幸ひロシア人がおりますから）――二、三ヶ月の生かじりぢゃどちらも物になりませんからね。

経済学（ブルジョア）の事ですが、これは予備的には知っておく必要があるそうです――勿論マルクス主義経済学が絶対正しいものですが――どう言ふ順序で行ってよいか僕達も全然見当がつきません。唯僕達は学校で教科書として使った経済学と土田杏村（反動の親玉）の信用経済しかやってゐません。我々はまづ概論位でいいんぢゃないでせうか。勿論微細なところまで行き届かないと、彼是言へないですけれど、僕達は一に実践、二に理論で行かなくちゃ嘘と思ひます。

それからシンパサイザーの事ですが、同情者と訳す。社会運動の方面では積極的に運動には投じないが、運動に対して理解と同情を持ち間接に支持応援をする人の事を言ふのである。時にはこう言ふ優柔不断さを嘲って「あいつは単なるシンパサイザーだ」などと言ふこともある。ついで御参考までにオルガナイザーは組織者と訳す。或る一つの組織体、例へば労働組合や政党を作る場合それに参加すべき人を汎く集め、真先に立ってその結成に尽力し又一度一つの組織が結成された場合にはその組織をひきしめこれが拡大に努力する人の事を指して言ふ。とプロレタリア文藝辞典にあります。

十二月の休暇には大抵帰らないやうです。ゆっくりお話でも致しませう。宿の心配も致しませう。そちらの同志を固めて下さい。言はばそちらが現役軍ですから――

同志一同

そちらの同志一同（若き未来の同志も入れますよ）の御健康を祈ります。

同志

上甲先生へ

卞併来

上甲米太郎より趙判出に宛てたる手紙

〔昭和五年十一月二十七日付〕

お便りありがたう

小さな同志はすこやかに育っている、よろこんでくれ。始めて鮮人教員の同志三名と語った。これで慶南の鮮人間に知己を得たわけだ。内地人の方はなまぬるくて駄目だ。新興教育研究所の組織部と連絡がとれる様になった。何れも様子が分らぬからその指令によってやって行きたいと思っている、君たちのことは山下さんに知らせてある。僕はとにかく自分の立場を分明したくて苦心している、年だね――大山さんに逢ふてゆっくり語りたいと思っている。冬休みには何とかして出て行きたい。

雑誌は会員以外には配布せぬことだね、多く出す程発見される機会が多くなるからね。そして帳簿などは決してつくらぬこと、出すことにするなら、朝鮮に於ける機関紙とする積りで将来のことも考へてやらう、何れ僕が上京して後の事にしては如何？

エス語講座は晋州で手に入れた。六七部今までに出たそうだ。とに角晋州の連中と手を握れたからボツボツ広くなって行くだらうと思ふ。彼等は来る三月末出されるだらうと云っている、出されたら散って又別の同志を見出せるじゃないかと云ってやった。その方にも筆のもてるのがいる様だから、本を出す事となったら書いてくれようと思ふ。むろん僕が原稿をもらってから送って発行所は知らせぬが、京城府内で同志は見付からんかね、在学生に見出すと同様に府内に同志を見付けると云ふことも卒業までの仕事の一つだね、大山さんにたのんだら分かるかもしれないが、大山さんは君等の思想をまだまだ子供々々として居る様に思っているのだらうと思ふ。それだけに下から出て行けば指導してもらへる。卒業までにうんと勉強するんだね、そして今に僕などあとからついて行く様になるだらうよ。

朝鮮に於ける教員には今のところ生活にも何にも不安がないのだ、だから組合と云ふても変なものになりそうだ。大山さんが僕に云ふ様にシンパサイザー以上に出られぬ連中なのだ。せいぜいシンパサイザー程度のものを一人でも多く作り不自然な社会のカラクリの暴露をやることだ。

南鮮に於ける綿の買上げが各地で問題になっている。綿操機やら、織物機までとりあげてより安い（彼等の云ふ）大阪製の綿織物を買へと強いるのだ。□郡では八万斤を買い上げるに千円もの奨励金を出している。誰の為に出すのだ。その賞金をめあてに、他面他郡より綿を斤に、一銭も高く買ひに来て、自分の面の買上げを多くしている。某面では出来ているのを全部持ってこいと強いるとか。某面ではお前の家には何斤ある筈だと（植付反別にでもよるのだらう）書付を先に出しそれだけ持参することを強いている。

米は安いし不景気で米が食へぬものは多くなるからますます米は余るぞ、此の田舎の何も分からぬ老人までが□□の起こることを期待している、もっとうんと不景気になるがいい。まとまった土地（中農）は地価で売買されてたりしている。地価とは景気のよい時の時価の1/3くらいだ。小金を持っている連中はよろこんでいるよ。そのことが奴等の生命をそれだけちぢめつゝあることを知らないでホクホクしていやがる。

お互いに慎重にやらうぜ。何れ同志一同宛に別に書く。雑誌を各種別々に取って、それを持ち集まって発表をやっては如何。月に二、三回はやれるよ。会合の様子を知らせてほしい。それで会合が何回とか凡そ定ったら僕も出来るだけその日その日のまにあふ様に書くから。

ではみんなによろしく

伊利一の父より

卞併来どの

上甲米太郎より山下徳治に宛てたる手紙

「新興教育」十一月拝見

今まで眠って居た、力が知らず知らず励い起されて来さうです、赤いチョークの桜色のことだ、今に何の音沙汰ないのでバレないでゐたのでせう。僕如何にあるべきかの見当がつきました、釜山、京城等をのぞいてはほんとうに各地方の学校は散在しているのでせう、支局にしてもほんの取次ぎくらいのことしか出来ませんが十二月号分十部ほど送って下さい。読めと云っただけではだめだ自分が送ってやるつもりです、金は十一月末に十二月分を送金します

尚十一月号を六部だけ送って下さい。明年卒業する同志を運動して釜山へ配置してもらい、それを中心にし釜山へ中心をつくりたいと思っています。京城の在学生に頼んで教育してもらっています、当分十名の誌友に刺戟を与へることに最大の力を集注して見る積りでいます

御健康を祈る

上甲より

山下様

十二月号より十部づゝ

注文十一月号六部、　ソヴエット印象記　一部

朝鮮に於ける教育状態　　二部
マルクス主義と教育問題　　一部
右代円は十一月下旬支払で代引にてもよし

上甲米太郎より西村節三に宛てたる手紙

二十五日付御手紙拝見しました。

同封の地図を見て下さい。小生の住地は泗川郡で西の方にかたよっています、併し各地に知人がいるのでそれ等に対してボツボツやっています。校長は2/3以上普通教員も1/4位は顔見知りがあると思います、そのうち全道に亘って読者を持ちたいと思っています。

今小生の近郡、三郡だけで左記の通りです。

泗川郡五名、河東郡内二名、晋州郡内五名です、泗川郡は田舎としては学校数の多い処ですが小学校五（学級十）普校九校（学級四六）教員合計五八名なのです、そのうち現在五名と言ふ数は相当割合から云へば多いのです。まだ一二名は見込みがあります、他郡へも二部今送ってあります。どの程度にやって行くべきか見当がつきません。「新興教育」の読者をつくるそれだけの事を今主としています。晋州へ四里、河東へ七里、昆陽、五東二里、泗川へ六里。と言ふ位置で何も形の上の仕事は出来ません。晋州が中心地です。晋州邑内に今わかっているのが四名います。書店へ取り寄せさせていますから小生の判らぬ読者もあるわけです、機会ある毎に逢って語るのですが各地の同志が判れば次々と連絡をとってやりませう。支局として出来るだけのことはやります。

鉄道に沿ふて居る地点でなければ相当手は出せません。京城師範の演習科（二部）に今七名います、小生の教児が中心になってやっています、冬休みに出かけて行って一同に逢ふつもりでいます。普通科生に一名後継者を見出したとの知らせです。これだけはどうにかまちがいなしに育てゝ見たいと思っています。小包は釜山の税関で調べる事がありますす、四種書留にでもした方が如何ですか。

当地の郵便所の方は先便の通り辰橋区内として扱ってもらへば確実に来ます（辰橋に小生の実家あり）。他の支局の活動など何れ「新興教育」に載るでせう。けれど支局だけに何等かの方法で簡単なものを配布しては如何ですか。

小生の希望としては教員組合といふものは朝鮮に於ては合法的には不可能なことであるので現在の「新興教育」の読者の中からホンモノを選び出して大きなある仕事の一部分でもやって行きたいと思ふのです、そして朝鮮人の思想団体と裏面に於て手をとりたいと思っています。夢かも知れません、だがながいこと今まで考へて来た事です、今更誰が何と云ふても捨てないで進む積りです。今の処「新興教育」を配布した位のことでは首にはなりますまい。

皆がなまけているので平凡な吾々もまだまだこの程度なら首にはなりますまい。私の思想的傾向を多少知っている視学がいますが別な方面の性格も知ってくれているので、まさか自分がこんな計画を立てゝいることも知りますまい。数が多くなるほど注意はしています。誰にも全部の読者相互には分らない様にして知らせていません。

晋州の内三名は鮮人です。知人の紹介で一晩語りました。これで鮮人方面にも知己が出来て来たやうと思ひます。「数の力」です、とにかくやりませう。

山下氏は愛知県豊橋成章中学の出身ではありませんか、この前手紙を出したんですがご多忙か返事がないのです。「昼食の饗応をしなくて首になった話」を近日中に送ります、埋草にでもなれば幸です。

上甲米太郎

西村様

趙判出引致後菊池輝郎より上甲米太郎に宛てたる手紙

〔昭和五年十二月四日付〕

我々の周囲は非常に悪化してゐる、とうとう、卞はひっこぬかれて多分本町署であらう留置場につながれている筈だ。何でヒッパラれたか我々には一つもわけがわからない。此頃演習科の素行が非常に悪いので——外部から投書と脱柵が発見された。学校当局は非常に神経過敏となり、何かあるとにらんだ。近々中物品検査があると報ぜられた。

それに重大な事をいつか話した、破壊主義者の第一分子柔道初段のTが左翼的言辞を表した手紙を実兄に出したので実兄から舎監長上りの教頭に一報あった、Tよばれて、シボられ青くなっているがこれで思想方面に当局が注目する事となった。生徒の中にはスパイが作られた。勿論勉強の上手なものだ、何をえさにされたのか知れないが——それらが我々の周囲にたかって我々のアラを密報するんだ。我々なるべくそれ等の前で会はぬ事にしている。だが心と心とはしっかりとしめてかかる際だ、プリントも大矢、麻氏の言によってやめた。我々は小児病を征服せねばならぬ。

一日夜零時過ぎても、卞は帰らなかった。夕方五時頃、いやにおとなしい人につれられて行ったそうだ。向ふも勿論卞がどれかわからない態度だったそうだ、何となれば決して室に入らうとしないそいつに応対して出掛けた卞に「卞さんはおいでですか」と聞いたからだ、私は丁度活動に行って、Mがそれをみていたのだが、何もあやしくは思はなかった。まさかポリとは思はなかった。然し情勢の悪化している此頃、夜零時すぎても帰らない。

そして朝になった、帰らない。Tと私は心当りをさがした、わからない、で、まあ、あいつはノンキ坊主だから、なるべくみつからぬやうにしてやれと、返事をしてやった。

三時間目教頭の時間盛におかしな事を云ふ、自分の予想していた事が適中した。「いい事には名の出ぬ奴が悪い事には一人前だ」とか云った。その中現舎監長から呼出しがかかった、それきり。

四時間目、道知事が来た、疾風、迅雷的に全生徒午後より学校林の松毛虫退治といふ。〃来たな〃と思った——その間に物品検査をしやうと云ふのだ。私は前からその用意をしていたから安心だ。卞の物はトランクにつめて比較的検査ゆるやかな下級生の方にまわした。二時間余り、寒い目に会った、面白い事には農業の主任教諭も松毛虫退治を知らなかった。

その夜、TとMは亦捜しに行った。卞の室の室長で学校ではスパイにしているんだが、それは私に好意を以てよく知らせてくれる——だが注意は充分している。教員から呼ばれて、教員が卞のいない事を知っている事を聞いた。松毛虫退治の時卞の名を呼ばなかった事を思ひ出した。学校は知っているんだ。

三日、亦室長は我々一統の名を舎監が知っている事を知らせた。取調の一語によって総てわかった。物品検査は、刑事の指揮で行はれた。〃新興教育〃を捜したそうだ、それはなかったが。

——あなたの方がどうかなっているのではないか？　卞の原因は、あなたではないか？　卞の引かれたわけが解からぬ。只一、府内の某高普校が盟休しているが——卞が昨年晋州盟休の時晋州に行き合はせて調べられている、某高普校の指令が何処から出ているか解からぬ。それで引かれたのではないか。斯る際卞宛に通信せぬ様。大矢の所へ寄越して下さい。

大民の御伝へだが民からの通信文は皆焼いて下さい。

——乱筆　お許し下さい——　　後便にて

四日　　　　エ　セ

二伸

我々は睨まれているので証拠物品たるものはすべて大民の所へ預けた。卞のも。

下が我々の事を白状しているのは残念だが仕方がないと思ふ。
我々は覚悟している、そして益々元気がある。
安心あれ。

西村節三より上甲米太郎に発送せむとしたる手紙
〔昭和五年十二月六日〕

御手紙拝見致しました。貴下を朝鮮に得ました事をかなり大きい力に思ひます。私の統制すべき範囲は新興教育の直読者と支局の圏内です。組織であります。今貴下から詳細の地理的状勢も伺ひ且貴下の階級的熱意の下に抱かれる計画とその拡大の為めの当面の方策とをかなり具体的に知り私の統制下より一歩躍進した意味に於て勿論技術的にその必要を認める為に直接教員組合の方へ任せたいと思ふ。組合の方は日本内地に於ても非合法のものであります。

今組合の方では無新戦旗に対してそのことの記事一切を差止めている為公表せられていないけれ共全国的にかなり強固なものになっているのであります、局部的には治警違反となって検挙にひっかかっているところもあるが大部分の支部は健全に育っています、他の労働組合と性質、機構に於て分散的に違っている為公然弾圧と闘ふことが不可能であるため非常に難しい様であります、私は合法的場面にいての組織部であるから組合の方の詳細はよくわかっていない。

然し新興教育の支局は組合の準支部であり一段階であり原則的にそこに行くことは絶対的に必要であります。尚貴下方面の客観的情勢は組合との連絡且その統制にあるべきであると思ふ故私は貴下の意見によって組合の方へ連絡せしめたいと思ひます。組合の方には具体的に、朝鮮人の対策がある事と思ひます。かなり全道から活発に反響があります。

統営には支局になるべきところもあります。も少し状勢を見て貴下との連絡をもって貰ひませう。

尚

京城師範寄宿舎の演習科との連絡は最近ついています。冬休には貴下にはそちらの方とお会ひする機会があればよろしく御助勢下さい。全国師範中東京文理科と豊師、東京女高師が最も活発に働いています。その方のニュース等も送ります。私自身も、中央で仕事をしているだけで、かなり多く地方の現業者には組織についても教へられねばならないと思ふ。殊に朝鮮との連絡に就ては実に困難であります。故に貴下の様な熱心な人を得た事を研究所として又日本教員組合結成の為に喜びます。私は朝鮮へ行って運動したい様な衝動も感じる位であります。何卒階級的使命の前に飽く迄吾々の片腕として朝鮮全道の中心たらんことを希望します。

貴返信を待っています

西村拝

上甲米太郎様

十二月号十部は去る三日発送しました。

原稿題目も面白そうです。是非早くお願します。

上甲より中西勝三郎（密陽郡武安公普訓導）に宛てたる手紙

この前の手紙に何の反響も無いとは悲しいね。「新興教育」十一月号を一部送る。引続いて兎も角三、四ヶ月送って見やうか、――読んでほしい。然して之を読んで貰へばよいので、今の朝鮮に之以上のことを求めやうとも思はない。

下手をして「新興教育」を友に送ったとの理由で首になるが落ちかも知れぬが他人に迷惑は掛け度くないと思っている。無論兄を見込んで送るのであり、それだけに相当覚悟もしている。

晋州のあの山ポケ東町で戦旗が三十部も売れるといふことは何を意味しているだらうか。何時までも眠っている時ではない。新しい時代には新しい良心が必要だと云ふのが僕の地論だ。相当鋭い神経を持っている田舎の兄の心底に何も無いといふわけがない。今の若さをお互はみすみす何のために過しているかを反省して見るが好い。

賛成なら三十銭送ってくれ、不賛成ならいらない。唯黙って二三ヶ月読んで貰へばそれでよい。

以上

中西兄

上甲より山田鉄男（晋州第一公普訓導）に宛てたる手紙

（日本に於ける教育労働者組合運動についての一考察）を読め。

新興教育を送る

「十一月の改造の附録第二貧乏論位いは読んでいなければ、常識として必要なことだ」

兎も角今のところ十名以上読者を得た。それ〳〵相当僕を信じていて呉れる男であるから兄か僕を裏切ったりしないなら他の男達も大丈夫だと思ふ。僕は今のところそれらに何も秘めてはいない。只この「本」を読んで呉れゝばそれでよい。だから万一のことがあっても僕の配布したと云ふ廉によって首になる以上は進まぬ筈だから安心して黙って読んでいてほしい。もう新潟では二名の首謀者が六十日喰っているし十二名首になっている。それは非合法的であったからだ。僕は今その合法の研究中だ。それがわかるまで決して法に触れる組織なんてはつくれない。その点安心して居て欲しい。

晋州で戦旗が三十部も売れると言ふ。「新興教育」も今日より出ている様です。京城にもよき同志が居て善き便りをくれています。呉れ〴〵も校長に察しられぬこと。賛成したら黙って居て宜しい。反対なら本を送り返して呉れ。

三十銭切手でよい送れたら頼む。

第一号を送った筈だが着いたかしら。今月号は不足したから二人に一部しか送れぬ。何れ後から送って来たら送って上げてもよい。

今読者現在七名ほど（京城は別）得た。今まであちこち売り廻った甲斐がやっと今現はれて来た。

「良心」無くしない様にお互注意せねば知らず〴〵欺瞞しているんだ。僕の首も長くない気がする。併しそれだけ心は落付いている。万一の事があったら後を頼まねばならぬ一人であると信じている。併し之よりうんと「欺瞞」して「希望社」の運動でもやるかなあ——。

京城の同志からは熱のある羨ましい便りがある。あちらにはよき指導者もいるから。

まあ今のところせい〴〵欺瞞して大邱へ近く出るんだね。

上甲

晋州

山田鉄男

〔以下略〕

新興教育研究所事件判決（一九三二年一二月一五日　朝鮮総督府高等法院検事局思想部）

〔国家報勲処功勲電子史料館（韓国）所蔵の資料による。「新興教育研究所事件」と前出「教育労働者組合事件」との名称のちがいについては、第二章（李俊植）五五―五六ページの注（五）を参照してください〕

判　決

本籍　鹿児島県鹿児島市鷹師町四十三番地
住居　東京市中野区住吉町十番地
自由学院教師　山下徳治
当四十一年

本籍　愛媛県西宇和郡千丈村川之石
住居　釜山府大聴町三丁目二十六番地
元昆明普通学校長　上甲米太郎
当三十一年

右両名ニ対スル治安維持法違反被告事件ニ付昭和七年六月二十三日京城覆審法院カ言渡シタル判決ニ対シ同覆審法院

検事長代理朝鮮総督府検事柳原茂ヨリ上告ノ申立アリ本院ハ同年九月三十日事実審理開始決定ヲ為シタルニヨリ該決定ニ基キ朝鮮総督府検事伊藤憲郎関与審理判決スルコト左ノ如シ

主　文

原判決ヲ破毀ス

被告人山下徳治、同上甲米太郎ヲ各懲役二年ニ処ス

被告人上甲米太郎ニ対スル第一審未決勾留日数中五十日ヲ右本刑ニ算入ス

但シ被告人山下徳治、同上甲米太郎ニ対シ五年間右刑ノ執行ヲ猶予ス

訴訟費用ハ右被告人等ノ連帯負担トス

理　由

第一、　被告人山下徳治ハ大正二年鹿児島県立鹿児島師範学校ヲ卒業後小学校成城学院、自由学院ノ教師ニ就職シ大正十三年三月独逸マールブルヒ大学ニ遊学シ昭和三年十一月再ヒ外遊シ主トシテソヴェート露西亜ノ教育状況即チ莫斯科レニングラード九年生単一学校其ノ他ヲ視察シテ昭和四年三月帰朝シ自由学院ニ教職ヲ執ル傍東京市外中野町中野所在ノプロレタリア科学研究所ニ入リテ其ノ教育部ヲ担任シ昭和五年三月頃全日本教員組合準備会ノ組織セラルルヤ之ニ加入シテ其ノ委員トナリシカ被告人ハ豫テヨリ現時ノ社会制度組織ニ不満ヲ懐キ私有財産制度ノ上ニ樹ツ資本主義的経済組織ノ非合理性同文化ノ非科学性同生産方法ノ自己矛盾同政治機構ノ非社会性等ヲ指摘シ斯ル社会ハ唯物的弁証法ノ理論ニ依リ必然的ニ没落スルモノナルモ吾人ハ進ンテ教育ノ分野ニ於テ普ク教育者ノ共産主義的自覚ヲ促シ以テ教育労働者組織結成ノ機運ヲ作リ軈テ此ノ組合ヲシテ私有財産制度ヲ否認シ共産主義制度社会ノ建設ヲ期セシメント希図シ居

リタルヲ以テ其ノ方策トシテ昭和五年八月十九日浅野研眞、池田胤夫、本庄陸男外数名ト「新興教育研究所」ヲ創設シ東京市神田区表神保町「神保ビルディング」内ニ事務所ヲ設置シ其ノ機関雑誌トシテ月刊「新興教育」ヲ発行シ其ノ創刊号（証二十九号ノ一）ノ巻頭ニ新興教育研究所創立宣言ヲ被告人躬ラ執筆シテ同宣言中ニ「欧州大戦以後世界ノ諸情勢ハ急速ニ進展シタ。今ヤ世界ハタヾ一ツノ希望ニ向ッテ動イテイル。永久ノ繁栄ヲ謳ハレタ北米合衆国マテヲソノ渦中ニ投セシメタ強烈ナル世界恐慌ハ資本主義的生産方法ノ自己矛盾ブルジョア経済組織ノ非合理性ブルジョア政治機構ノ非社会性ブルジョア文化ノ非科学性ヲ事実ニ於テ曝露シタハカリテナクソノ急角度的顛落ヲ決定的ナラシメタ。ダガブルジョア社会ノ没落カ自然必然性トシテ放任セラルル限リソレハ非連続ノ飛躍ニ於ケル質的変化テハナイ。ソコニハ政治的自由モ従ッテ人間的開放モ絶対ニアリ得ナイ。新社会ノ建設ソレカ歴史的必然トシテ新興教育ノ出現ニヨリテ可能ニサレシ限リ階級的大衆運動ニヨリテノミ実践的ニ闘ヒトラルヘキテアル。タダソノ故ニコソ彼ラニトッテノ顛落ノ危機ハ新興階級ノ輝ケル勝利ノ日ノ近イコトヲ約束スルモノテアル。今ヤ教育ノ領域ニ於テモ無風帯ノ状態テハアリ得ナイ。…云々…教育カ将来ノ社会ヲ建設スヘキ未来ノ成員ノ養成ヲソノ本来ノ任務トスル限リ明日ノ教育ハ新興階級ノタメノマタ其自体ノ新興教育以外ニハ存シナイ。カクシテ社会ノ歴史的発展ノ新シキ可能性トシテノ教育ハソレ自ラノ自覚ニ於テ国際的プロレタリア科学ノ鎖ノ一環トシテノ新興教育ノ科学的建設ヲ翹望シテイル。現段階ニ於ケル日本ノ教育ヲ展望スルトキ…云々…社会生活ニ対シテ政治カ支配的テアル限リ教育ノ目指ス人間的解放ハ政治的自由ノ獲得ナシニハ幻想以外ノ何物テモアリ得ナイ。組織ニハ組織ヲ以テスル教育者ノ政治的実践ノ現実形態ハ××的教育労働者ノ団結ニ依ル教育労働者組合運動テナケレハナラナイ。教育労働者組合ハ我々ノ城塞テアリ「新興教育」ハ我々ノ武器テアル「新興教育研究所」ニ依ッテ果サルヘキ当面ノ階級的任務ハ反動的ブルジョア教育ノ克明ナル批判ト其ノ実践的排撃テアリ他方新興教育ノ科学的建設ソノ宣伝テアル。云々」ト掲ケ尚同創刊号ニ「新興教育ノ建設ヘ」同雑誌十月号（証第二十九号ノ二）ニ「ブルジョア教育ノ非現実性」同十一月号（証第二十九号ノ三）ニ「××ト教育」同十二月号

（証第五十号）ニ「教育界ノ経済的破綻」ナル題目ノ下ニ孰レモ矯激ナル論調ニテ読者ヲシテ共産主義的意識ノ自覚ニ因リ教育労働者組合ヲ結成シテ私有財産制度ヲ否認シ共産主義制度ト社会ノ建設ニ努ムルノ要アル所以ヲ自ラ会得シ得ヘキヤウ縷説シ毎月約二千部ヲ発行シ其読者ノ獲得ニ努力シ且同研究所ノ事務員タル第一審相被告人西村節三ニ対シ教育研究所ノ創立並機関雑誌新興教育発行ノ前顕由来ヲ告ケテ同志トナシ同相被告人ヲシテ同研究所ノ組織部ノ主任トシテ該雑誌等ノ配布等ヲ担当セシメ朝鮮ニ毎月約三十部宛郵送セシメ依テ私有財産制度ヲ否認シ共産主義制度社会ノ建設ヲ期スル目的ヲ以テ其ノ目的□□事項ノ実行ヲ煽動シタルモノナリ。

第二、被告人上甲米太郎ハ大正十年三月京城府教員養成所卒業後普通学校訓導トナリ各地ニ転シ昭和二年四月ヨリ同道泗川郡昆明公立普通学校長兼訓導ノ職ニアリシカ夙ニ社会科学ニ興味ヲ持チ研鑽スル中漸次現時ノ社会制度ニ不満ヲ懐クニ至リ果テハ革命ニ依リテ私有財産制度ヲ破壊シ「プロレタリア」独裁ノ共産主義制度社会ヲ建設シ教育制度ヲ共産主義理論ノ上ニ立ツ「プロレタリア」教育制度ニ革メント欲求スル折柄昭和五年九月以来雑誌「新興教育」ヲ購読スルニ及ヒ自己ノ抱懐スル共産主義思想ニ合致スルモノト為シ直ニ之ニ共鳴シ被告人ト同シク前掲「新興教育」ヲ愛読シテ思想上ノ過誤ニ陥リ居リタル被告人ノ嘗テ教ヘ児ニシテ当時京城師範学校ニ演習科生徒トシテ在学セル第一審相被告人趙判出及其ノ同級生タル同審相被告人菊池輝郎ト密カニ屡文通シテ互ニ共産主義的意識ヲ昂メ居リシカ同相被告人等ハ偶昭和五年十月二十六日京城師範学校修学旅行隊ニ加ハリ慶尚南道晋州郡晋州面ニ来リシ際被告人ハ之ヲ奇貨トシ同相被告人等ヲシテ一行ト離レテ被告人ト共ニ同面旭旅館ニ投宿セシメテ協議シタル上同相被告人等ノ右学校ヲ卒業シタル暁ニハ互ニ相提携シテ鮮内各地ニ於テ児童ヲ教育スルニ共産主義ヲ以テシ且教員中ヨリ同志ヲ獲得シテ私有財産制度ヲ否認スルコトヲ目的トスル共産主義理論ノ上ニ立ツ教育労働者組合ヲ結成スルコトニシ尚同相被告人等カ修学旅行ヨリ帰校ノ上ハ目下同校生徒ノ思想動揺ニ乗シ同級生中ヨリ同志ヲ物色獲得スルコトニ約シ以テ私有財産制度ヲ否認シ共産主義制度社会ノ実現ヲ期スル目的ヲ以テ其ノ目的タル事項ノ実行ニ関シ協議シタルモノナリ証拠ヲ按スルニ判示第一事実中被告人山下徳治ノ判示経歴及判示新興教育研究所ノ創立其ノ機関雑誌新興教育ノ発行並同研究所ノ事務員タル第一審相被告人西村節三ニ組織部ノ主任トシテ同雑誌ノ配布等ヲ担当セシメ居リタル点ニ関シテハ被告人山下徳治ノ当公廷ニ於ケル其ノ旨ノ自供ニ徴シ認ムルニ足リ被告人山下徳治カ現時、社会制度ニ不満ヲ抱キ私有財産制度ヲ否認シ共産主義制度社会ノ実現ヲ期シ判示ノ如クシテ其ノ実行ヲ煽動シタル点ニ付テハ司法警察官ノ被疑者山下徳治ニ対スル尋問調書中同被疑者ノ供述トシテ私ハ豫テヨリ現在ノ資本主義社会制度ナルモノハ如何ナル過程ヲ踏ムカハ別問題トシテ将来之カ崩壊ヲ来シプロレタリア大衆ノ社会ノ実現スルコトハ経済歴史ノ過去ニ徴シ真理テアルト考ヘ且現在及過去（明治維新以後）ニ於ケル我カ国ノ教育方針其ノモノハブルジョアヲ目標トスル非大衆的ノ教育テアッテ国民大多数ノ望ム教育テナイノミナラズプロレタリア大衆ノ発展ノ過程ニアル現在ニ適合シタ教育方針テハナイト思フ故将来必然的ニ発展スルプロレタリア大衆ヲ目標トスル乃至プロレタリア大衆ノ基礎ヲ確立スヘキ教育方針ヲ樹テルコトハ目下ノ急務テアルト考ヘヲリシ旨ノ記載司法警察官事務取扱道巡査ノ被疑者西村節三ニ対スル第二回尋問調書中同被疑者ノ供述トシテ山下徳治ハ私ニ対シ現代社会ニブルジョアトプロレタリアトノ対立アルカ如ク教育制度ニモ明カニ之カ対立ヲ見ルヤウニナリ目下我国ノ教育ハ完全ナブルジョア教育テプロレタリア教育ハ顧慮ノ中ニナクブルジョアカ自己ノ城砦ヲ守ル為ノ教育制度テアリ我カ新興教育研究所ハ之等プロレタリア教育ノ樹立ノ為ニ行動スルモノテ是レカ建設ノ為メニハ必然的ニ革命カ□ラサルモノナルカ此ノ時ニ際シ教育者ハ革命ト云フ政治的行動ニ関シ重要ナル役割ヲ持ツニ至ルカ之カ完成後ニ於テハヨリ重要ナ役割ヲ持ツモノテアルカラ各教育者ニ対シ之カ意識ヲ持タシメナクテハナラヌ斯様ナ意味ニ於テ我々ノ主宰スル新興教育ハ重要ナ役割ヲ演スルモノタト申シタ旨ノ記載予審判事ノ被告人西村節三ニ対スル第三回尋問調書中同被告人ノ供述トシテ山下徳治ハ昭和五年十月下旬頃新興教育研究所テ私ニ対シ新興教育研究所カ主トナッテ日本ノ教育者ノ共産主義的自覚ヲ促シ以テ教育労働者組合ノ結成ヲ助成シ同組合ヲシテ共産革命ノ成功ニ寄与セシメナケレハナラヌソレヲ新興教育研究所ハ機関雑誌トシテ新興教育ヲ発行シタカラ日本全国ニ売広メル様ニシナケレハナラヌ私モ其ノ積リテ努力シテ貰ヒタイト申シタノテ私ハ之ヲ承諾シタカ浅野研眞、池田種生、本庄陸男、田部久、山田某ハ何レモ新興教育研究所ノ中心人物テアリ同人等カ新興教育雑誌ニ書イテオル論文ノ内容ヨリ見テモ同人等ハ新興教育研究所ノ目的等ニ付テハ知ッテ居ルモノト思フ旨ノ記載予審判事ノ証人織田秀雄ニ対スル尋問調書中同証人ノ供述トシテ昭和五年八月末頃山下徳治ヨリ新興教育研究所ヲ創立シ其ノ機関雑誌トシテ新興教育ヲ発刊スルコトニナッタカラ其ノ所員トナリ編輯ノ手伝ヲシテ呉レト云ハレタノヲ私ハ其レヲ承諾シ神田区神保町「ビルディング」ノ三階ノ同研究所ノ事務所ニ時々行キ雑誌ノ編輯方ヲ手伝ッタカ教育労働者組合ノ設立ニ関シテハ新興教育雑誌ニ其ノ必要ヲ論シタ人モアリ私共モ同組合ノ必要ナコトヲ認メ山下徳治等トモ其ノ設立ヲ援助セネハナラヌト話シヲリタリ而シテ教育労働者組合ハ要スルニプロレタリア教育確立ノ為ニ重要ナ役割ヲ有ツモノト思フカプロレタリア教育ノ確立ハ共産主義的社会カ実現サレナケレハ期サレヌコトテ従テプロレタリア教育ノ確立ハ共産主義社会ノ実現ヲ目的トスル実際運動ト提携シテ進マナケレハ真ノプロレタリア教育ハ生レヌト思フ然シ私ヤ山下徳治、西村節三其ノ他ノ右研究所々員連中ハ何レモ雑誌等ニ教育労働者組合ノ結成ヤ目的ニ関スル論文ヲ掲ケ又ハ之ヲ読ンテヲル人達ナノテ改メテ同組合ノ結成ナリ目的等ニ付議論等シタコトハナカッタカ雑誌新興教育創刊号ノ研究所創立宣言ハ多分山下徳治カ執筆シタモノト思フ旨ノ記載被告人菊池輝郎ノ第一審公判調書中同被告人ノ供述トシテ私ハ趙判出ヨリ新興教育創刊号等ヲ借リテ読ンタカ其ノ中ニ教育者モ労働者テアルカラ教育労働者組合ヲ作リ一般プロレタリアト提携シ共産主義理論ノ上ニ立ッテ自己及一般プロレタリアヲ擁護セヨト論シタ所カアリ私ノ心ニ合致シタノテ私ハ其ノ理論ニ共鳴シタカ私ハ教育労働者組合ハ一般教員擁護ノ下ニ組織シ従テ教育ハ総テ共産主義的ニヤラナケレハナラヌモノト思ヒ居ルカ尚新興教育雑誌ハ同雑誌全体ヨリ見テ現在ノ私有財産制度ヲ撤廃シテ之ニ代ル共産制度ノ社会ヲ建設スルト云フ趣旨ノ下ニ発行サレテ居ルモノト思フ旨ノ記載司法警察官事務取扱道巡査ノ被疑者趙判出ニ対スル第三回訊問調書中同被疑者ノ供述トシテ私ハ昭和五年九月初メテ新興教育雑誌ヲ読ンテ成ル程現代ノ社会制度組織ハ不合理テ無産者独裁ノ理想ノ社会ノ建設カ欲シイト思ヒマルクス主義ニ共鳴シ新興教育雑誌ヲ読ンテ運動ヲショウト思フ様ニナリ其ノ読者ヲ得テ昭和五年十一月二十日頃支局ヲ設ケタイカラ通知シテ呉ト手紙ヲ出シタ旨記載司法警察官事務取扱道巡査ノ被疑者上甲米太郎ニ対スル尋問調書中同被疑者ノ供述トシテ教育労働者組合ハ表面的ナモノタト云フテヲルカ実際ハ非合法的ノモノテ其レハ新興教育研究所ノ創立宣言及新興教育雑誌ノ記事等ヲ通覧シテ意識シタカ私ハ教育労働者組合カ若シ組織出来ルナラ他ノ同一目的ノ下ニ組織セラレタ団体ト団結シ其ノ力ニ依リテ宿望テアル労働者独裁ノ共産制度社会ノ実現ヲ図ルモノト想像シヲリシ旨ノ記載司法警察官ノ被疑者山下徳治ニ対スル第三回尋問調書中同被疑者ノ供述トシテ雑誌創刊号即チ昭和五年九月号ノ巻頭ニ掲テアル「新興教育研究所創立宣言」ナルモノハ私カ作成シタモノナル旨ノ記載証人西村節三ノ当公廷ニ於ケル新興教育雑誌ハ毎月二千部宛発行シ朝鮮ニハ毎月約三十部宛配布シヲリタル旨ノ供述及証第二十九号ノ一新興教育創刊号ノ巻頭ニ「新興教育研究所創立宣言」ト題シ「欧州大戦以後世界諸情勢ハ急速ニ進展シタ。今ヤ世界ハタダ一ツノ希望ニ向ッテ動イテイル。永久ノ繁栄ヲ謳ハレタ北米合衆国マテソノ渦中ニ投セシメタ強烈ナル世界恐慌ハ資本主義的生産方法ノ自己矛盾ブルジョア経済組織ノ非合理性ブルジョア政治機構ノ非社会性ブルジョア文化ノ非科学性ヲ事実ニ於テ暴露シタハカリテナクソノ急角度的顛落ヲ決定的ナラシメタ。タカブルジョア社会ノ没落カ自然必然性トシテ放任セラルル限リソレハ非連続ノ飛躍ニ於ケル質的変化テハナイ。ソコニハ政治的ノ自由モ従ッテ人間的解放モ絶対ニアリ得ナイ。新社会ノ建設ソレカ歴史的必然トシテ新興階級ノ出現ニヨリテ可能ニサレシ限リ階級的大衆運動ニヨリテノミ実践的ニ闘ヒトラルヘキテアル。タヾソノ故ニコソ彼等ニトッテ顛落ノ危機ハ新興階級ノ輝ケル勝利ノ日ノ近イコトヲ約束スルモノテアル。今ヤ教育ノ領域ニ於テモ無風帯ノ状態テハアリ得ナイ。教員大衆三十万ノ中ソノ失業者ハ既ニ一万五千ヲ突破シテイル。農業恐慌ニヨル農民ノ貧窮化ト繊維業地帯ニ於ケル農村ノ悲況ハ教員ノ減俸学級整理児童ノ盟休校長ノ排斥廃止等トナッテ現ハレ学校騒動ノ頻発ト激化トハ学校ノ警察化ニ照応スルト共ニ労働者ノストライキト農村ニ於ケル小作争議ノ先鋭化ニ伴ッテ日ヲ追フテ加重サレツ、アル。教育カ将来ノ社会ヲ建設スヘキ未来ノ成員ノ養成ヲソノ本来ノ任務トスル限リ明日ノ教育ハ新興階級ノタメ、マタ其自体ノ新興教育以外ニハ存シナイ。カクシテ社会ノ歴史的発展ノ新シキ可能性トシテノ教育ハソレ自ラノ自覚ニ於テ国際的プロレタリア科学ノ鎖ノ一環トシテノ新興教育ノ科学的建設ヲ翹望シテイル。現段階ニ於ケル日本ノ教育ヲ展望スル時分ケテモ自己ニ属スル学問ヲ安ク買ヒタカル教育界ハ先進資本主義諸国ノ文化見ル如キ自由ナル発展期ヲ有チ得ナカッタハカリテナク封建的残存物ヲ清算スル遑ナカリシタメ甚タ未発達テアリ未熟テアル日本ブルジョア文化ノ運命ヲヨリ強度ニ反映シテイル。現実ノ社会問題ノ具体的分析並ニ一切ノ科学ノ真理ニ対スル教育労働者ノ眼ハ支配階級ノ企図ニ依ル政治的疎外ニ依ッテ全ク蒙昧ニサレタ。ソノコトコソ現在ノ如キ反動教育ノ硬化ヲ招来シタノテアル。社会生活ニ対シテ政治カ支配的テアル限リ教育ノ目指ス人間的解放ハ政治的自由ノ獲得ナシニハ幻想以外ノ何物テモアリ得ナイ。組織トハ組織ヲ以テスル教育者ノ政治的実践ノ現実形態ハ××的教育労働者ノ団結ニヨル教育労働者組合テナケレハナラナイ。教育労働者組合ハワレワレノ城塞テアリ「新興教育」ハ我々ノ武器テアル。「新興教育研究所」ニ依テ果サルヘキ当面ノ階級的任務ハ反動的ブルジョア教育ノ克明ナル批判トソノ実践的排撃テアリ他方新興教育研究所ノ創立ヲシテ新興教育建設ノタメニ権威アラシメンコトヲ期シ全国ニ在ルワレワレノ同志ト共ニワレワレノ任務ト決意トヲ茲ニ宣言スル親愛ナル全国ノ教育労働者諸君新興教育ノ旗ノ下ニ集レ一九三〇年八月十九日新興教育研究所」ナル宣言ノ掲載シアルト証第二十九号ノ二雑誌新興教育十月号証第二十九号ノ三同雑誌十一月号証第五十号同雑誌十二月号中ニ被告人山下徳治名義ヲ以テ各判示題目ノ下ニ何レモ判示趣旨ニ照応スル論文ノ掲記セラレアルニヨリ是レ等ヲ綜合考覈スレハ之ヲ認ムルニ余リアリ

次ニ判示第二事実中被告人上甲米太郎ノ判示経歴ノ点ニ関シテハ同被告人ノ当公廷ニ於ケル其ノ旨ノ供述ニ依リ瞭ニシテ被告人上甲米太郎カ夙ニ社会科学ニ興味ヲ覚エテヨリ現時ノ社会制度ニ不満ヲ懐キ判示第一審相被告人趙判出同菊池輝郎ト共ニ判示ノ如ク私有財産制度ヲ破壊シ共産主義制度社会ノ実現ヲ期スル目的ヲ以テ其ノ実行ニ関シ協議シタル点ニ付テハ検事ノ被疑者上甲米太郎ニ対スル第二回尋問調書中同被疑者ノ供述トシテ私ハ大正十一年頃ヨリ賀川豊彦ヤ

其ノ他思想ニ関スル書籍ヲ耽読シ現在ノ社会制度ハ私有財産制度ニナッテイル為大多数ノ農民ハ苦シイ生活ヲシテヲル故私有財産制度ヲ撤廃シ総テ生産機関ヲ社会ノ共有ニシ総テノ人カ生産ニ関与スル社会制度ニナラネハナラヌト考ヘヲレリ新興教育雑誌ハ私ノ思ッテイル様ナ社会ヲ実現スル為ニ向ッテヲルモノト思ヘル旨ノ記載司法警察官事務取扱道巡査ノ被疑者上甲米太郎ニ対スル第四回尋問調書中同被疑者ノ供述トシテ私カ現在ノ資本主義制度ヲ否認シテ更ニ出現ヲ欲求スル制度ハ共産主義制度テアッテ多数労働者ノ幸福ヲ得ル為ニ共産制度ノ社会ヲ実現セシムルノカ私ノ究極ノ目的テアル私ハ現在ノ制度ノ不合理ヲ改革スル為ニ教育労働者組合ヲ組織シテ他ノ団体ト団結シ其ノ団結ノ力ニ依リテ共産制度ノ社会ヲ作リコレカ道程トシテ雑誌新興教育ヲ読マセテ此ノ趣意ヲ認識サセヨウト思ヒヲリシ旨ノ記載予審判事ノ被告人上甲米太郎ニ対スル第三回尋問調書中私ハ現在ノ資本主義社会ニ於ケル資本主義的教育ニ疑問ヲ抱キプロレタリア教育カ私ノ目標テアッタ所雑誌新興教育ヲ読ムト私ノ欲求セントスルモノヲ充タシテ呉レル様ナ気カシタノテ同雑誌ニ共鳴スルヨウニナレリ私ハプロレタリア教育ハ共産主義理論ノ上ニ立ッテ施スヘキモノト考ヘ之レニ向ッテ運動シテ来タカ私ノ日記（証第十六号）中「学校ヲ自分ノ色ニ塗リ立テ」「子供等ニ百姓ノ馬鹿ラシサヲ教ヘ」「自覚シテ農民ノストライキヲ起ス時代ヲ一歩一歩進メテ行クコト」「子供達ヨ大キクナレソシテ今ノ腐ッタ世界カラ新シキモノヲ造リ出シテ呉レ」トアルハ私ノ気持ヲ表シタモノテ共産主義的ニ私ノ学校ヲ指導シテ将来プロレタリア革命ニヨル共産主義社会実現ノ為ニ努力シタル旨ノ記載検事ノ被疑者上甲米太郎ニ対スル第二回尋問調書中同被疑者ノ供述トシテ晋州ニ趙判出ヤ菊池輝郎カ来タ時旅館テ新興教育ノ読者ヲ募集シ教育労働者組合ヲ組織シテ私有財産制度ヲ撤廃シ無産者独裁ノ社会ノ実現運動ヲ起シタ方カ良イト話シタラ二人モ同意シタル旨ノ記載被告人菊池輝郎ノ第一審公判調書中同被告人ノ供述トシテ私ハ昭和五年九月末頃趙判出ノ紹介ニ依リ手紙ノ上テ上甲米太郎ヲ知ルヨウニナッタカ同人カ趙判出宛ノ手紙ノ中ニ同封シテ私ニ如何ナル束縛カアッテモ元気ヲ出シテ共産主義ノ勉強ヲセヨト云フコトヤプロレタリア映画ハ大衆運動ニ必要タカラ熱心ニ研究セヨト云フコト等ヲ書イテ手紙ヲ寄越シタカラ私モ自分ハ寄宿舎生活ヲシテヲルケレト

一生懸命ニ共産主義ヲ研究シ何ンナ事カアッテモ共産主義制度ノ社会ノ実現運動ニ努力スル趣旨ヲ書イテ手紙ヲ出シタカ其ノ後判示ノ如ク晋州ヘ修学旅行ニ赴キ上甲米太郎ノ発意テ私ト趙判出トハ一緒ニ行ッタ他ノ生徒等ト別レテ上甲ト共ニ晋州邑内ノ旭旅館ニ投宿シタ際私カラ新興教育ノ話ヲ切出シ互ニ共産主義ヲ奉スルニ至ッタ経路ヤ教育労働者組合運動等ニ付話合ッタカ上甲ハ最初自分ハクリスチャンテアッタ為広ク人類愛ノ見地ヨリ観察シテ現在ノ私有財産制度ハ不公平テ不可ナイト思フヨウニナリ順次共産主義ニ共鳴スルヨウニナッタンタト申シテヲリ私カ将来学校ヲ卒業シタラ鮮内各地ニ分レテ教育労働者組合ヲ作リ児童ヲ教育スルニ付テハ共産主義ヲ其ノ根底トシ材料トシテ教育シ幼イ子供ノ中カラ同志ヲ養ヒ運動ヤロウ又京城師範学校内テハ生徒ノ心カグラグラシテオル者カ多クテ今カ一番同志ヲ獲得シ易イトキテアルカラ帰校シタラ確カリヤルカ先生（上甲ノコト）モ学校ヘ帰ヘラレタナラヤッテ下サヘト云フト上甲ハヨカロウト承諾シタ教育労働者組合ト云フノハ結局共産制度社会ヲ実現スルヲ其ノ目的トシテヲルモノナル旨ノ記載司法警察官事務取扱道巡査ノ被疑者趙判出ニ対スル第三回訊問調書中同被疑者ノ供述トシテ晋州旭旅館テ上甲先生ト会見シタ時成ル丈ケ新興教育雑誌ノ読者ヲ多ク得テ今ノ内ニ素養ヲ作リ学校ヲ卒ヘテ教員ニナッタラ教育労働組合テモ組織スルナリシテ運動シテ見ヤウト話シタル旨ノ記載及証第十六号被告人上甲米太郎ノ日記中ノ「学校ヲ自分ノ色ニ塗リ立テテ行クコトタ云々子供達ニ百姓ノ馬鹿ラシサヲ教ヘルコト自覚シテ農民ノストライキヲ起ス時代ヲ一歩一歩スヽメ行クコト云々」「何故初等教育カラ主義者カ出ナイノカ吾々コソ第一線ニ立タネハナラヌソシテ教員組合カ必ス起ルニチカイナイ云々」「私ノ教ヘ児ニ朝鮮共産党責任秘書朴洛鐘ノ子カイマス従弟モイマス叔父サンハ多クノ人ノ幸福ニナルコトヲシタノタト言ヒマス私ノ子供タチハN将軍（乃木将軍ヲ指ス）ヨリクロポトキンヲエライト思ッテイマス」「アノ力強イクロポトキンノ言葉ヲ思ハスニハ居ラレナイ彼等カ支配階級ノ意識カアリトモカク彼等カ偉クナラヌコトカ自分ノ利益テアルトシカ考ヘテ居ナイカラコソソノ尊イ人間性ハカクサレテシマッテイタノタ」等ノ記載ヲ彼此参酌スレハ之ヲ認ムルニ足レリ上叙ノ如クナルカ故ニ判示第一第二ノ事実ハ熟レモ其ノ証明十分ナリトス法律ニ照スニ被告人山下徳

治ノ所為ハ治安維持法第三条被告人上甲米太郎ノ所為ハ同法第二条ニ各該当スルヲ以テ何レモ其ノ所定刑中懲役刑ヲ選択シ其ノ刑期範囲内ニ於テ被告人等ヲ各懲役二年ニ処シ被告人上甲米太郎ニ対シテハ刑法第二十一条ニ依リ第一審未決勾留日数中五十日ヲ右本刑ニ算入スヘク尚被告人等ノ所為ニ付テハ刑ノ執行ヲ猶予スヘキ情状アルヲ以テ刑法第二十五条ニ従ヒ各五年間右刑ノ執行ヲ猶予シ訴訟費用ニ付テハ刑事訴訟法第二百三十八条ニ依リ被告人等ヲシテ連帯シテ負担セシムヘキモノトス

仍テ刑事訴訟法第四百四十七条第四百四十八条第四百五十条第三百五十八条ニ則リ主文ノ如ク判決ス

昭和七年十一月二十八日

高等法院刑事部

裁判長朝鮮総督府判事　増永正一

朝鮮総督府判事　喜頭兵一

朝鮮総督府判事　宮本　元

朝鮮総督府判事　金子秀顕

朝鮮総督府判事　五井節蔵

読書歴　〔高麗博物館企画展「朝鮮の子どもたちと生きた教師　上甲米太郎」図録より〕

年	月	年齢	勤務校など	読んだ書物・雑誌・論文
			少年時代	新訳聖書、旧約聖書 （巌谷小波）日本お伽噺、世界お伽噺　（雑誌）婦人世界 （ユーゴー）レ・ミゼラブル　（シェンキエビチ）クウォバディス （雑誌）日本少年
一九二二年 一九二三年	八月 一月 四月	二〇歳 二一歳	咸安《ハマン》公立 普通学校	（雑誌）希望 ガンジイの本　（巌谷小波）お伽文庫 緒土に芽ぐむもの　侏儒のことば
一九二四年	五月 七月	二二歳	軍隊	（加藤武雄）東京の顔　（大杉栄）正義を求める心 （賀川豊彦）死線を越えて、愛の科学 （トルストイ）イワンの馬鹿

一九二四年	九月		治炉《ヤロ》公立普通学校訓導兼校長	(聖書引用)創世記―カナンの地を求めて
一九二五年	六月	二三歳		(薄田泣菫)茶話、宗教感情の教育　(雑誌)のぞみ
				(雑誌)泉の花
	九月			(雑誌)希望　小夜子　(雑誌)サンデー毎日
	一〇月			(雑誌)週刊朝日　パスカルの言葉　(好地由太郎)恩寵の生涯
				(島崎藤村)桜の実の熟する頃　(石丸悟平)人生創造
				(ドストエフスキー)虐げられた人々
	一二月			(雑誌)希望　恋愛と人生
一九二六年	一月			日輪　(石丸悟平)人生創造
	二月			(文科大学講座)哲学講話、自然科学概論
	三月			王の宝石　(細井肇編)丙子日記　(雑誌)生命の泉
				キリスト教の信仰と実践
	四月	二四歳		(久米正雄)定評　社会改造の基点　魂の表現としての描写
				(賀川豊彦、雑誌)雲の柱、神による解放　道徳生活の原理
	九月			(雑誌)改造、文芸春秋、主婦の友
一九二七年	四月	二五歳	昆明《コンミョン》公立普通学校校長	(イプセン)幽霊、民衆の敵　(米田博士)恋愛の人間愛
				(武者小路実篤)生命の役立つために　(カーライル)衣装哲学
				(旧約聖書)士師記―サムソンとデリラ　(賀川豊彦)愛の科学

		（小原国芳）結婚論　（帆足計）賢き愛の世界へ
		（厨川白村）近代の恋愛観
		（菊池寛）忠直卿行状記、無名作家の日記　自分と新作
		（ユーゴー）レ・ミゼラブル　成功
	五月	（菊池寛編）小学生全集　（アルス社）日本児童文庫
		（新渡戸稲造）海外より見たる邦人の短所　天分の誤算
		ダーウィン進化論の引用　新井白石
		（トウエイン）ハックルベリーフィンの冒険
	六月	吉田松陰の伝記　（ゲーテ）若きウエルテルの悲しみ　ダンテ
		（中山昌掛）ダンテ神曲の研究
	七月	ふんどしをぬふ家　（夏目漱石）草枕　（樋口一葉）花ごろも
		世界思想全集　（ルソー）エミール
	九月	ある理想国　（夏目漱石）草枕
	一〇月	（賀川豊彦）太陽の黒点、死線を越えて　（長谷川如是閑）
	一一月	（賀川豊彦、雑誌）無産者への福音　（マルクス）資本論
		（エンゲルス）空想から科学へ　聖書　文学入門
		（雑誌）文芸春秋　（里見淳）随筆
	一二月	（武者小路実篤）楠木正成、その妹　（夏目漱石）草枕　哲学辞典
一九二八年	一月	（森鴎外）　（小原国芳）母のための教育学　（河上肇）貧乏物語

一九二九年	一二月	二六歳		(雑誌) 改造
				(クロポトキン) 無政府主義者の道徳　赤い湖
	一月			ペスタロッチの生涯　(岡田禎子) 夢殿　論語
				(シェークスピア)　思想と人格　倫理学社会学概論
				(雑誌) 改造　(野上弥生子) 真知子
	二月			貧乏論　倫理学演義
	三月			陽明学派の哲学
一九三〇年		二七歳		(雑誌) プロレタリア文学、プロレタリア科学、戦旗
	九月	二八歳		(雑誌) 新興教育・創刊号
	一一月			(雑誌) 新興教育
	一二月		治安維持法違反容疑で逮捕	

역대 교장·교감

교장			교감		
대	성 명	재임기간	대	성 명	재임기
1대	惹川二郎	24.09.24 ~ 27.03.30	1대	이 규 채	00.00.00 ~ 50.
2대	上甲米太郎	27.03.31 ~ 30.12.05	2대	전 용 기	50.06.15 ~ 63.
3대	林實治	30.12.07 ~ 33.09.25	3대	이 순 석	63.05.04 ~ 66.
4대	增田多滿龜	33.09.26 ~ 35.03.30	4대	박 운 제	66.12.15 ~ 71.
5대	松崎彌惚治	35.03.31 ~ 41.03.31	5대	황 상 욱	71.09.01 ~ 73.
6대	西久保善次	41.04.01 ~ 45.08.15	6대	하 만 해	73.03.01 ~ 73.
7대	福田七郎	45.08.01 ~ 45.11.29	7대	정 창 희	73.09.01 ~ 76.
8대	신 태 호	45.11.03 ~ 47.02.27	8대	조 성 규	76.03.01 ~ 78.
9대	강 용 수	47.02.28 ~ 47.09.30	9대	강 태 중	78.03.01 ~ 80.
10대	이 덕 수	47.10.01 ~ 48.03.20	10대	홍 성 비	80.09.01 ~ 83.
11대	김 용 택	48.03.21 ~ 54.04.29	11대	손 원 식	83.03.01 ~ 84.
12대	박 인 규	54.04.30 ~ 57.10.03	12대	정 창 희	84.03.01 ~ 86.
13대	하 한 철	57.10.04 ~ 60.09.27	13대	이 기 락	86.03.01 ~ 88.
14대	김 학 구	60.09.28 ~ 62.03.05	14대	이 기 성	88.09.01 ~ 89.
15대	김 덕 기	62.03.06 ~ 65.10.15	15대	김 강 열	89.09.01 ~ 90.1
16대	주 종 철	65.10.16 ~ 70.03.31	16대	정 연 호	91.01.29 ~ 92.0
17대	박 윤 화	70.04.01 ~ 74.08.31	17대	이 상 호	92.09.01 ~ 93.0
18대	강 무 용	74.09.01 ~ 80.08.31	18대	박 현 호	93.09.01 ~ 94.0
19대	김 태 원	80.09.01 ~ 85.08.31	19대	강 의 조	94.03.01 ~ 97.0
20대	유 관 주	85.09.01 ~ 89.08.31	20대	이 상 호	97.03.01 ~ 97.0
21대	정 계 문	89.09.01 ~ 93.02.28	21대	김 명 수	97.09.01 ~ 99.0
22대	조 경 록	93.03.01 ~ 94.02.28	22대	노 창 영	99.03.01 ~ 00.0
23대	김 세 배	94.03.01 ~ 96.08.31	23대	임 봉 현	00.03.01 ~ 01.0
24대	황 선 규	96.09.01 ~ 99.08.31	24대	김 명 수	01.03.01 ~ 02.0
25대	민 해 식	99.09.01 ~ 03.08.31	25대	이 정 식	02.09.01 ~ 05.0
26대	이 한 승	03.09.01 ~ 05.02.28	26대	이 병 호	05.03.01 ~ 06.0

〈上〉賀川豊彦が提唱した賀川服着用運動に共鳴して冶炉公立普通学校の卒業式で賀川服を着る上甲。

〈左〉現在の昆明初等学校に掲示されている歴代校長の年表。2代校長・上甲米太郎の任期は逮捕された12月5日までになっている。

〈下〉1924年4月1日から8月4日までの入営中の日記「兵隊さん」4冊のうちの1冊目。

年譜

〔前出高麗博物館企画展図録と上甲伊利一作成の年譜をもとに作成〕

年	月日	年齢	主なことがら	関連事項
一八九〇年			母方祖父有友正親《ありともまさちか》、愛媛県第三区から衆議院議員に当選（立憲改進党所属）	
一八九五年				日清下関条約　閔妃《ミンピ》暗殺
一八九七年	一〇月			朝鮮国より大韓帝国に改称
一九〇二年	四月一六日	〇歳	愛媛県西宇和郡千丈大村川之内（現在の八幡浜市）に父景吉母淑《きよ》の長男として誕生	
一九〇四年	二月	一歳		日露戦争（―〇五年） 日韓議定書調印
一九〇五年	一一月一七日	三歳		第二次日韓協約
一九一〇年	八月二二日	八歳		韓国併合
一九一一年		九歳		朝鮮教育令
一九一二年			このころ農業経営の失敗により破産、両親が朝鮮に渡ったため、母の実家に預けられる	

一九一七年	六月一六日	一五歳	大洲《おおず》教会にて受洗	
一九一九年	三月一日	一六歳		三・一独立運動
一九二〇年	三月	一七歳	愛媛県立大洲中学卒業	産米増殖計画（日本への米移出高増加により農村の困窮強まる）
	四月	一八歳	父のいる朝鮮へ。京城《けいじょう》（ソウル）高等普通学校附設臨時教員養成所に第八期生として入学	
一九二一年	三月		京城高等普通学校付設臨時教員養成所卒業	
	四月	一九歳	志願兵として陸軍入営	
一九二二年	四月	二〇歳	慶尚南道《キョンサンナムド》咸安《ハマン》公立普通学校に教員として赴任し、五年生を担任（四〇名、うち女子七名、妻帯者三名）金再用《キムジェヨン》、金栄淑《ヨンスク》が在学	第二次朝鮮教育令（日本教育制度に準拠・日本語・日本史・日本地理を強要）
一九二三年	九月一日			関東大震災、その後多数の在日朝鮮人虐殺
一九二四年	四月	二二歳	予備役に志願、見習士官としてソウル龍山《ヨンサン》の陸軍第二〇師団第七八連隊に入営	
	八月		陸軍歩兵少尉に任官、正八位に叙せられる	
	九月		慶尚南道陜川《ハプチョン》郡冶炉《ヤロ》面冶炉公立普通学校に校長として赴任	
一九二五年	一月		腹痛、下痢、不眠に悩む。遺書をしたためる。	
	四月二二日			治安維持法公布

一九二七年	四月	二五歳	慶尚南道泗川《サチョン》郡昆明《コンミョン》公立普通学校に校長として赴任（四年生、四学級、四教員、複式授業のため、朝鮮人教員三人）	
	一一月		『無産者への福音』と『資本論』を入手	
一九二八年	六月	二六歳		警視庁特別高等警察部設置
	一〇月一二日		藤原文子と結婚（翌一九二九年離婚）	
一九二九年	一一月三日	二七歳	このころから自由と民主主義を求める運動に参加	光州学生運動（—翌年三月）
一九三〇年	二月		鎌原政子と結婚	
	六月	二八歳	釜山《プサン》で開かれた慶尚南道の教育会で朝鮮語の研究発表をする	
	七月—八月		同窓会「白楊会」で知り合った藤城友信（二班城《イバンソン》公立普通学校長）に組合活動に関するパンフレットを送る	
	九月		友人から借金し趙判出《チョパンチュル》の京城師範学校学費を捻出する	『新興教育』創刊
	一〇月		『新興教育』一〇月号の「赤いチョーク欄」に投稿が掲載される	
	一〇月二六日		晋州《チンジュ》旭旅館で京城師範学校の修学旅行中の趙判出、菊地輝郎と会合。『新興教育』読書会や教	

			育労働者組合結成の話し合いをする
	一一月一三日		長男・伊利一《いりいち》誕生
			『新興教育』一一月号に投稿が掲載される
			京城師範学校の学生四人（趙判出、菊地輝郎、徳田明、呉聖俊《オソンジュン》）が『新興教育』や社会科学書の読書会を結成
	一二月初旬		京城師範学校で趙判出、菊地輝郎らが逮捕される
	一二月五日		昆明公立普通学校で授業をしているところを治安維持法違反で逮捕され、その後、西大門《ソデムン》刑務所へ送られる（—三二年）
	一二月六日		山下徳治ら新興教育関係者が、東京で逮捕される
一九三一年	八月八日	二九歳	京城地方法院予審にて有罪の決定、上甲ら逮捕の報道が解禁になる
	一一月二六日		京城地方法院にて治安維持法違反の有罪判決、控訴する
一九三二年	一一月二八日	三〇歳	京城高等法院にて懲役二年、執行猶予五年の判決。この判決により位階勲等を剥奪される。その後、出獄して釜山に住む妹敏子の家に身を寄せる（—三五年）

当時の昆明公立普通学校の校舎

一九三六年	一二月	三四歳	釜山近東莱《トンネ》の河川工事現場の帳場係として勤務 政子と離婚、伊利一をひきとる。 第一生命の保険の外交員になる（—四一年） 上野稔《とし》子とかけおち、稔子、伊利一と晋州《チンジュ》で暮らし始める	
一九三七年	五月二四日	三五歳	長女・眞知子誕生	
一九三八年		三六歳	保険の仕事を続けながら、京城日報の晋州通信部の記者となる	朝鮮教育令改正（ハングル教育廃止）
一九三九年		三七歳		強制連行始まる
一九四〇年		三八歳		創氏改名実施
一九四一年		三九歳	特高のすすめにより北海道釧路の太平洋炭坑（三井）へ労務係・朝鮮語通訳として勤務	
一九四二年		四〇歳		朝鮮人の徴兵実施発表
一九四四年	一月一〇日	四二歳	次男・壮二《そうじ》誕生 九州大牟田三井三池炭鉱へ朝鮮人労務者とともに送られる	朝鮮人徴兵実施
一九四五年	八月一五日	四三歳		日本敗戦、朝鮮の解放
一九四六年		四四歳	日本共産党に入党	
一九四六年		四七歳	三井鉱山株式会社を解雇される	

一九五〇年	六月二五日	四八歳		朝鮮戦争勃発（―五三年停戦）
	七月		父の代わりに朝鮮戦争反対のビラを撒いていた一九歳の長男・伊利一が逮捕される	
			レッド・パージされたメンバーを組織し紙芝居屋を結成、約三〇家族の生計をたてる。三井鉱山社宅（炭住）周辺・朝鮮人部落を中心に市内各地をまわり「歌う紙芝居屋」と呼ばれる	
一九五二年		五〇歳	「日本子どもを守る会」発足、大牟田地区での会員第一号となる	
			このころ教育委員選挙に立候補・落選	
一九五六年	一〇月	五四歳	「大牟田子どもを守る会」を結成に参加	
一九五七年		五五歳	全日自労大牟田分会結成、「うたごえ運動」に深く関わるようになり、その後の三池闘争、板《いた》付《づけ》基地反対闘争などに「うたごえ行動隊」として参加	
一九五九年	一月	五六歳		三池闘争始まる（―六〇年一一月）
一九六二年	三月	五九歳		板付基地包囲事件
	八月	六〇歳	上甲の還暦を祝う会がひらかれ、荒木栄から「わ	

			が母のうた（森田ヤエ子作詞）」を贈られる	
一九六四年		六二歳	家族が東京転居、母の介護のために大牟田に残り高砂町の朝鮮人部落に住み始める	
一九六六年	五月	六四歳	母を看取る。家族の住む台東区谷中への転居に際し、大牟田市延命会館で「上甲米太郎を送る会」が開かれる	
			日朝協会会員として活動	
一九六八年	二月二〇日	六五歳		金嬉老《キムヒロ》事件
一九六九年	七月	六六歳	東京八王子市長房第二団地に入居	
一九七一年		六九歳	美濃部都政二期目の選挙で個別訪問で検挙	
	一二月一六日		金嬉老事件の裁判で弁護側の証言台に立ち朝鮮での差別がどのようなものであったか証言	
一九八七年	三月二一日	八六歳	八王子にて没す	

釧路市春採にて、上甲米太郎・稔子夫妻と長男・伊利一、長女・眞知子（一九四三年）

著　者

上甲まち子（じょうこう まちこ）

秋田雨雀・土方与志記念青年劇場俳優。1937年5月24日、韓国慶尚南道晋州郡晋州邑で上甲米太郎の長女として生まれ、1941年父とともに釧路太平洋炭鉱に移住、44年に朝鮮人とともに大牟田三井三池炭鉱に移動。1965年土方与志・秋田雨雀記念青年劇場入団。出演作品は飯沢匡作「多すぎた札束」、ジェームス三木作「族譜」ほか。

李俊植（イ ジュンシク）

大統領所属・親日反民族行為者財産調査委員会常任委員、親日人名事典編纂委員会常任副委員長。韓国学中央研究員特別研究員。延世大学校国学研究院研究教授。京都大学人文科学研究所外国人教授。成均館大学校東アジア学術院招聘教授。

辻弘範（つじ ひろのり）

北海学園大学経済学部准教授。1971年佐賀県唐津市生まれ。1994年東京外国語大学外国語学部朝鮮語科卒業。2002年一橋大学大学院社会学研究科博士後期課程退学。学習院大学東洋文化研究所助手を経て07年より現職。朝鮮史研究会会員。共著は『台頭中国の対外関係（学習院大学東洋文化研究叢書）』（御茶の水書房）ほか。

樋口雄一（ひぐち ゆういち）

高麗博物館（東京・新宿）館長。1940年中国瀋陽生まれ。明治学院大学卒。朝鮮史研究会会員。著書は『協和会』、『戦時下朝鮮の農民生活誌』（ともに社会評論社）『日本の朝鮮・韓国人』（同成社）、『朝鮮人戦時労働動員』（岩波書店、山田昭次・古庄正との共著）『協和会関係資料集　1～5巻』、『戦時下朝鮮人労働動員資料集　1～5巻』（緑陰書房、執筆者）ほか。

植民地・朝鮮の子どもたちと生きた教師　上甲《じょうこう》米《よね》太郎《たろう》

2010年4月1日　第1刷発行
2012年5月21日　第3刷発行

定価はカバーに表示してあります

著　者©　上甲まち子
李　俊　植
辻　弘　範
樋口雄一

発行者　中　川　進

〒113-0033　東京都文京区本郷2-11-9

発行所　株式会社　大月書店

印刷　太平印刷社
製本　ブロケード

電話（代表）03-3813-4651　FAX 03-3813-4656／振替 00130-7-16387
http://www.otsukishoten.co.jp/

ISBN 978-4-272-54047-1　C0023